Über dieses Buch Nach einem Jahr Patientenkarriere wollte die Autorin sich nicht länger als Krebsopfer bemitleiden lassen. Sie empfand deutlich, daß hinter einer so lebensbedrohenden und unheimlichen Krankheit wir Krebs die Aufforderung stand, eine Wende im persönlichen Leben zu vollziehen. Der geistig-seelische Entwicklungsprozeß, der dadurch in Gang gesetzt wurde, ließ ihr später die körperliche Beeinträchtigung durch die Operationen gering erscheinen, gemessen an der neuen, tieferen Bewußtseinsdimension.
Durch das Buch ›Mars‹ von Fritz Zorn und den bitter-depressiven Nachgeschmack, den die Lektüre bei ihr hinterließ, angeregt, entschloß sich die Autorin zu einer »Gegendarstellung«, die Mut machen soll. In ihrem Buch beschreibt sie die ersten, manchmal hilflosen, oft aber auch beglückenden Gehversuche in ein Leben mit neuem Sinn.

Die Autorin Christiane Lenker (Pseudonym), geb. 1950, ist seit 1972 Lehrerin für Sprachen. Ihre eigentliche Ausbildung, die z. Z. noch nicht abgeschlossen ist, begann sie mit 32 Jahren, als sie an Brustkrebs erkrankte. Die Fortsetzung dieses Lernprozesses findet sich in ihrem Buch »Krebs greift das Herz nicht an. Mein zweites Leben.« (FTB 11623).

Christiane Lenker

Krebs kann auch eine Chance sein

Zwischenbilanz
oder
Antwort an Fritz Zorn

Fischer
Taschenbuch
Verlag

Lektorat: Anke Rasch

20.–21. Tausend: Mai 1993

Originalausgabe
Veröffentlicht im Fischer Taschenbuch Verlag GmbH,
Frankfurt am Main, August 1984

Umschlaggestaltung: Buchholz/Hinsch/Hensinger
Gesamtherstellung: Clausen & Bosse, Leck
Printed in Germany
ISBN 3-596-23288-0

Gedruckt auf chlor- und säurefreiem Papier

Persönliche Erfahrungen mit Krisen

Unter dieser Überschrift legt der Fischer Taschenbuch Verlag Titel vor, deren Autoren aus eigenem Erleben oder auch aus der Betroffenheit über das Schicksal eines anderen versuchen, Ereignisse und Empfindungen zu reflektieren.
Ob die Ursache der Krise psychische oder physische Erkrankung, das Scheitern einer Partnerschaft oder sonst ein tief berührendes Erlebnis war – es gab Anlaß, das Leben zu überdenken.

Jeder erkrankt an etwas anderem, und bei den meisten gibt es dafür nicht nur eine Ursache.
Ich bin erkrankt an meiner eigenen Ziellosigkeit.
Ich habe mich auf den Weg gemacht.
Was aber ist das Ziel?
Der Weg.

Lieber Fritz Zorn,
ich habe Deinen Bericht gelesen, und er hat mich nicht zornig, sondern unendlich traurig gemacht. So traurig, daß ich ständig darüber nachdenken muß und in Gedanken oft mit Dir streite.

Vieles, was Du schreibst, kommt mir bekannt vor, erinnert mich an mich. Du warst 32, als Du Deinen Bericht schriebst, ich bin jetzt 32. Du hast Dich für Sprachen interessiert und bist Lehrer geworden. Ich bin Lehrerin für Englisch und Deutsch. Dir hat es nie an etwas Materiellem gemangelt, mir auch nicht, wenn meine Eltern auch keine Millionäre waren. Du warst immer angepaßt, brav, bürgerlich – ich auch! Ich wollte besonders meine Mutter nie enttäuschen, weil sie mir so viel Liebe gab und ich mich ständig zu Dank verpflichtet fühlte. Im Laufe meines Lebens steigerte sich das zur Manie, und ich wollte nie jemanden enttäuschen.

Fritz Zorn, Du weißt genau wie ich, daß Krankheit und Gesundheit immer auch zugleich Zustände der Seele sind. Deine innere Leere finde ich auch in mir, und das ängstigt mich.

Etwas aber macht mich an Deinem Bericht besonders betroffen. Das ist Dein verzweifelter Glaube daran, daß Deine Eltern, und diese wiederum als Repräsentanten einer bourgeoisen Gesellschaft, an Deinem Krebs schuld hätten.

Weißt Du nicht, daß letztlich man selbst die Verantwortung für seinen Lebensweg trägt? Wo kämen wir hin, wenn wir immer die Verantwortung für uns ablehnten und sie anderen aufbürden wollten?

Das, was uns Menschen als Aufgabe gestellt ist, das Meistern unseres Schicksals, müssen wir bewältigen. Wir dürfen uns einfach nicht resignierend in eine immer kaputter werdende Umwelt fügen, uns immer kränker machen lassen.

Kein Leid ist so groß, als daß es nicht auch zu etwas nütze wäre. Das hast auch Du erkannt, aber warum drehst Du Dich so sehr im Kreise und verwendest diese Erkenntnis nicht zu einem

neuen Anfang? Warum verkriechst Du Dich so sehr und bist so verzweifelt? Man merkt, daß Dich die niederschmetternde Diagnose kurzfristig sogar befreit. Ich habe so sehr mit Dir gehofft, daß Du diese Chance zu einem neuen Anfang nützt! Du selbst sprichst von symbolischer Wiedergeburt, doch dann fällst Du zurück in Deine alte Bedrücktheit, in der Du langsam und qualvoll zugrunde gehst.
Ich weiß wohl, wie sehr einen Durchhalteparolen wie: »Du schaffst das schon – nur Mut – Kopf hoch ...« anekeln, vor allem dann, wenn man merkt, wie wenig diese wohlmeinenden Ratgeber oft mit sich selbst und ihren Problemen fertig werden. Es muß ja nicht immer Krebs sein!
Und was ist, wenn man im Grunde genommen ja gar nicht weiterleben möchte, wenn die Krankheit ein Ausdruck unterschwelliger Todessehnsucht ist? Wie kann man Trost finden und den Mut zum Weiterleben, wenn die Todesangst nur eine nicht eingestandene Lebensangst ist, die Todessehnsucht als Wunsch nach völliger Ruhe in uns wirkt?
Ich glaube, wir sollten andere nicht ängstigen, sondern nach einem Weg suchen, unserer Krankheit einen Sinn abzugewinnen. Die Diagnose, die Du Dir stellst, ist tödlich, wenn Du Dir selbst keine Therapie verordnest. (Du hast es glaubhaft bewiesen!)
Die Tiefen unserer Erfahrungen lassen uns erst die Höhen erkennen; nur wenn ich die Angst überwunden habe, weiß ich wirklich, was Zuversicht ist. Meine durchlebten Ängste und Selbstzweifel haben mich reifer werden lassen, auch und gerade als Frau, obwohl meine weiblichen Attribute nacheinander herausgeschnitten wurden. Man kann lernen, seinen Krebs zu lieben, wenn man ihn als unerbittlichen Lehrmeister akzeptiert und ihm versöhnlich auf Wiedersehen sagt, wenn man ihn nicht mehr braucht. Mit seinem Lehrer ständig zu kämpfen und sich mit ihm in den Zustand des totalen Krieges zu begeben, wie Du es beschreibst, führt nur dazu, daß man das Klassenziel nicht erreicht.
Du sagst, der Krebs habe Dich nicht sonderlich überrascht.
Mich schon!
Schlagartig hat er meine scheinbar so heile Welt aus den Angeln gehoben, mich vieles in Frage stellen lassen, was mir selbstverständlich erschienen war.

Darüber bin ich froh, denn ich habe ein wenig daraus gelernt.
Du fürchtetest Dich kaum vor dem Tod, weil Du das Leben nicht liebtest.
Das war bei mir anders.

Als ich an dem letzten Tag meiner Weihnachtsferien unter der Dusche stand und an den Termin beim Frauenarzt dachte, den ich an diesem Vormittag verabredet hatte, beschlich mich panische Angst. Ich hatte schon seit einiger Zeit eine Veränderung der Haut meiner rechten Brust bemerkt. Aber da ich keine Verhärtung spürte und bei dem Gedanken, daß ich erst vor einem halben Jahr eine Vorsorgeuntersuchung hatte durchführen lassen, beruhigte ich mich wieder etwas.
Gedanken an unheilbare Krankheiten hatten mich schon als Kind sehr geängstigt, und ich nahm mir immer wieder fest vor, mich von diesen Angstvorstellungen zu befreien. Doch bei der kleinsten Blähung meines bisher kerngesunden Leibes dachte ich an Krebs. Vakuumverpackte Speisen nahm ich nur widerwillig zu mir, befürchtete ich doch, sie könnten von dem todbringenden Botulismus befallen sein, über den ich einmal einen Illustriertenartikel gelesen hatte. Wild aß ich prinzipiell nicht, da man immer wieder von einem neuen Aufflackern der Tollwut hörte. Einmal verdarb ich meinem Mann einen ganzen Urlaubstag, weil ich mit dem Fahrrad stürzte und mir eine winzig kleine Wunde an der Hand zuzog. Ich gab nicht eher Ruhe, als bis endlich ein Arzt ausfindig gemacht wurde, der mir eine Tetanusspritze verabreichte.
Meine besten Freunde wußten um diese Hysterien und belächelten sie zu Recht. Menschen, die mich weniger gut kannten, hielten mich dagegen für extrem couragiert, weil ich mich meist so gab, um nicht zu viel von meinem Innersten zu offenbaren. Ich war selbstkritisch genug, diese Ängste als übertrieben zu erkennen, und wußte auch, daß die Ursache dafür sicherlich darin zu suchen war, daß ich zeit meines Lebens das behütete und in Watte verpackte Nesthäkchen gewesen war, das selbst noch nach der Tanzstunde von den Eltern abgeholt wurde, um keinem auf der Lauer liegenden Sexualverbrecher zum Opfer zu fallen.
Als ich nun aus der Dusche stieg und mich abtrocknete, be-

trachtete ich flüchtig meinen Körper im Spiegel. Inwieweit war die Veränderung der Brust nur ein Produkt meiner übersteigerten Phantasie? Ich zog mich rasch an, überlegte, ob ich eine Beruhigungspille nehmen sollte, ließ es dann aber bleiben, weil ich mir vorgenommen hatte, mit Vernunft gegen meine übertriebenen Krankheitsängste anzugehen. Ich setzte mich ins Auto und fuhr los. »Eigentlich«, so dachte ich während des Fahrens, »hättest du dir deinen letzten Ferientag etwas schöner gestalten können!«

Nun ja, diese Weihnachtsferien waren sowieso ohne großen Erholungswert gewesen. Mein Mann hatte keinen Urlaub, und ich mußte die meiste Zeit über Klassenarbeiten verbringen; eine mir verhaßte, aber unumgängliche Tätigkeit, wenn man Deutsch und Englisch unterrichtet. Obwohl ich nun schon zehn Jahre im Schuldienst tätig war, belastete mich das Korrigieren der zahllosen Arbeiten unverändert, und die Ferien waren, bis auf die Sommerferien, oft genug damit ausgefüllt.

Das überfüllte Wartezimmer des Frauenarztes bedeutete, daß ich einige Zeit warten mußte. Ich setzte mich neben zwei ältere Frauen und nahm eine Illustrierte zur Hand, konnte mich jedoch nicht auf das Lesen konzentrieren, da mich meine Nachbarinnen durch ein Gespräch ablenkten.

»Sind Sie schon lange bei Dr. K. in Behandlung?«

»Nein, ich bin das erste Mal hier. Ich war lange Jahre bei Dr. H., aber der ist vor einem Vierteljahr an Krebs gestorben. Ach Gott, was hat der arme Mann leiden müssen ...«

Plötzlich spürte ich einen Kloß im Hals, und ich bekam vor Angst feuchte Hände, das Herz klopfte rasend. War dieses Gespräch ein böses Omen? Es dauerte Ewigkeiten, bis ich in das Behandlungszimmer gerufen wurde. Ich spielte die Unbekümmerte und erwähnte die Veränderung der Brust nur wie nebenbei. Ich befürchtete wohl, daß der Arzt eine zu ernste Miene aufsetzen könnte.

Als die Untersuchung endlich stattfand, hörte ich wie durch einen Nebel die Stimme des Arztes: »Das müssen wir aber herausholen!« In diesem Augenblick wußte ich, daß ich eine Krebspatientin war. Ich zitterte und erwartete Erläuterungen, Erklärungen, Einschränkungen, aber mein Gegenüber blieb still. So fragte ich nach einer Weile: »Ist es bösartig?« – »Ja, zu 99 Prozent.« – »Ist es groß?« – »Ja, ziemlich.« – Stille. – »Heute

ist Freitag, ich werde versuchen, ein Bett für Montag zu bekommen, sonst klappt es erst am Mittwoch.« – Stille. – »Ich rufe Sie an und sage Ihnen Bescheid!« – Stille. – Ich bat ihn, auf kosmetische Belange keine Rücksicht zu nehmen; er nickte, und damit war das Gespräch beendet.
Hier fand sie zum ersten Mal statt, die Konfrontation mit einem Arzt, der zwar gelernt hatte, die Wahrheit zu sagen, aber nicht, ihr etwas von ihrer Bedrohlichkeit zu nehmen. Ich nahm es ihm nicht übel, weil ich merkte, daß ihm die Situation ausgesprochen unangenehm war und er wohl auch selber darunter litt. Wer sagt einer jungen Frau schon gern, daß sie Brustkrebs hat?
Ich fühlte nur eine totale Hoffnungslosigkeit. Vergangenheit und Zukunft waren erloschen, es gab keine Verzweiflung, einzig dumpfe Leere, Einsamkeit. Wie in Trance verließ ich die Praxis und ging zu meinem Auto. Als ich hinter dem Steuer saß, dachte ich: ›Hoffentlich baust du in dem Zustand keinen Unfall.‹ Dann kam mir der Gedanke völlig belanglos vor, da ich nun doch mit etwas konfrontiert war, das wesentlich schlimmer schien.
Ich überlegte, was ich tun sollte. Zu Hause war ich allein, denn mein Mann kam meist erst gegen 19 Uhr vom Dienst. Kinder hatten wir keine, und dem Hund und der Katze konnte ich meinen Kummer nicht entgegenschreien. Seltsamerweise zweifelte ich keinen Augenblick an der Diagnose. Es war Freitag, und am Montag würde ich schon operiert sein, wenn es mit dem Termin klappte. Die rechte Brust abgenommen, an einen Tropf angeschlossen, in einem Krankenhausbett erwachen.
Mir fiel meine Freundin ein, mit der ich schon seit Jahren alle meine Probleme besprach. Zu ihr wollte ich gehen und wenigstens ein wenig Zeit bis zur Heimkehr meines Mannes überbrücken.
Als sie mich in der Türe sah, merkte sie sofort, daß mit mir etwas nicht stimmte. Ich wunderte mich über mich selbst, wie ruhig ich sagte: »Ich habe Brustkrebs und werde wahrscheinlich am Montag operiert.« Sie brach sofort in Tränen aus, während ich, zum Weinen nicht fähig, wie ein Todeskandidat eintrat.
An den Rest des Tages erinnere ich mich nur noch ungenau. Ich weiß, daß ich eine Zigarette nach der anderen rauchte und eine Menge Cognac schluckte, daß meine Freundin mich in die Stadt

schleifte und zwei Nachthemden für mich aussuchte, ich trotz des Cognacs ruhig nach Hause fuhr und dort auf meinen Mann wartete.
Schließlich kam er die Treppe heraufgesprungen.
»Ist was passiert? Hast du einen Unfall gebaut?«
»Nein, komm erst einmal herein.«
»Sag doch schon, du siehst so merkwürdig aus!«
»Ich habe Brustkrebs.«
Und jetzt konnte ich zum ersten Mal weinen.
»Ach komm, wie will der Arzt das so sicher wissen?«
»Er ist sich fast absolut sicher.«
Spät am Abend rief mein Arzt an und sagte, daß ich am Sonntag ins Krankenhaus sollte.
Mein Mann war wie vor den Kopf geschlagen, während ich mich wieder mit Cognac und Zigaretten zu betäuben versuchte. Seltsamerweise wurde es mir nicht übel, obwohl ich weder eine starke Raucherin noch Trinkerin war. Wie der Abend und die Nacht verliefen, weiß ich nicht mehr.
Am nächsten Morgen rief ich meine Mutter an, und wir heulten beide um die Wette. Anschließend weigerte ich mich, weitere Telefonate zu führen. Als Freunde, mit denen wir uns am Wochenende treffen wollten, uns anriefen, schluchzte ihnen mein Mann unser Unglück entgegen. Ich konnte nur an eines denken: ›Wie bringst du die Zeit bis zur Operation herum?‹
Am Sonntag war strahlend schönes Winterwetter. Die tiefstehende Sonne überflutete das Wohnzimmer und beleuchtete einige Stellen, an denen ich schon länger keinen Staub gewischt hatte. Ich holte ein Staubtuch und fing an zu polieren. »Du wirst doch jetzt wohl nicht putzen wollen?« sagte mein Mann.
Ich brach in Tränen aus: »Warum muß ausgerechnet heute so schönes Wetter sein?«
»Wäre es dir lieber, es wäre schlechtes Wetter?«
Und wir weinten zusammen.
Am Nachmittag gingen wir mit unserem Hund Anja spazieren. Er wedelte freudig mit dem Schwanz und schleppte Stöckchen herbei.
»Nein, Anja, heute hat Herrchen keine Lust, zu werfen.«
Skilangläufer nutzten den herrlichen Schnee aus, zeigten vergnügte Wochenendgesichter, Kinder rodelten mit roten Backen, bewarfen sich mit Schneebällen und zeigten Lebenslust.

Mir war es zumute, als müßte ich von allem Abschied nehmen. Ich tat es ohne Bitterkeit, nur wehmütig. In mir war so wenig Energie übriggeblieben, daß ich nicht an Heilung dachte, nur an den Tod. Melancholie und Trauer erfüllten mich darüber, daß ich alles, was ich liebte, verlassen sollte. Viele, die mich in dieser schwierigen Zeit besuchten, sagten aus voller Überzeugung, wie unglaublich tapfer ich mich gezeigt hätte. Sie täuschten sich alle. Ich war zu dieser Zeit nicht tapfer. Tapferkeit bedeutet, sich zu stellen und etwas anzunehmen. Ich hatte mich aufgegeben und schon abgeschlossen. Später fragte ich mich, wieso, denn ich wußte doch, daß Krebs kein Todesurteil bedeuten muß. Ich glaube, es gab dafür mehrere Gründe, die miteinander verflochten waren. Ich wollte nicht um mein Leben winseln, sondern mit einem Schuß Eitelkeit der Gefahr würdig entgegentreten. Ich empfand mein Schicksal in gewisser Weise als gerechte Bestrafung für meine soziale Faulheit und mein sattes Wohlergehen, und es machte sich gleichzeitig eine gefährliche Todessehnsucht bemerkbar. Eine Neugierde nach der Beantwortung der Frage: ›Wie wird das Ende sein?‹
Und ich stellte mir vor, daß es nicht so schlimm sein könnte. Wie einschlafen, wie ein schöner Traum? Der Gedanke an das Ende festigte sich immer mehr und ließ die Lust am Widerstand ersterben.
Als wir nach dem Spaziergang wieder zu Hause angekommen waren, packte ich meine Reisetasche und bat die Nachbarin, tagsüber meine Tiere zu versorgen. Ich ging durch jeden Raum und prägte mir jeden Gegenstand noch einmal bewußt ein. Aus meinem Sekretär holte ich ein altes Tagebuch mit sehr persönlich geschriebenen Aufzeichnungen, riß die Blätter heraus und zerfetzte sie in kleine Schnipsel.
Ich war soweit! Mein Mann fuhr mich gegen 17 Uhr ins Krankenhaus. Ich füllte mein Anmeldeformular aus, mein Mann blieb bis gegen Abend, und dann war ich allein in dem Zimmer mit einer jungen Chinesin, die kein Deutsch verstand und am nächsten Morgen entlassen werden sollte.
Von einer Ärztin, die mich am gleichen Abend noch untersuchte, erfuhr ich, daß erst ein Probeschnitt gemacht, das entnommene Gewebe untersucht und dann, im Falle, daß es Krebs sei, amputiert würde. Ich weiß, daß ich am nächsten Morgen eine Beruhigungsspritze bekam, in den OP transportiert wurde

und nach einem kurzen Pieks in das linke Handgelenk für den Bruchteil einer Sekunde Karbolgeschmack wahrnahm.
Meine nächste bewußt wahrgenommene Empfindung war ein unglaubliches Frieren und Schlottern, eine Nachwirkung der langen Narkose. Schemenhaft erkannte ich Gestalten an meinem Bett und fragte: »Ist alles ab?« Man nickte, und ich verfiel erneut in einen langen traumlosen Schlaf. Die nächsten drei Tage verliefen in einem rauschähnlichen Zustand. Ich hatte keine Schmerzen und legte eine unnatürlich aufgekratzte Heiterkeit an den Tag.
Unser großer Freundes- und Bekanntenkreis, mein Kollegium, die Nachbarschaft und ganze Schulklassen bekundeten ihr Mitgefühl. Ich war teils in meiner Eitelkeit geschmeichelt, so viel Beachtung zu finden, teils war ich restlos überfordert, all diese gutgemeinten Beweise der Anteilnahme zu verkraften. Das Telefon stand nicht still, und mit vor Aufregung geröteten Wangen hatte ich Mühe, Buch über all diese Aufmerksamkeiten zu führen. Bei den von morgens bis abends eintreffenden Besuchern gab ich mich heiter, unbeschwert und geschwätzig. Teils hatte ich das Gefühl, jeden über meinen ›Schicksalsschlag‹ hinwegtrösten zu müssen, teils genoß ich selbstgefällig dieses gutgemeinte: »Toll, wie du das machst!«
Bei dem täglich stattfindenden Verbandswechsel hatte ich mir fest vorgenommen, nicht auf die Operationsnarbe zu schauen. Erst wenn die Fäden gezogen wären, wollte ich einen Blick wagen.
An diesen Tag erinnere ich mich genau. Nachmittags stand plötzlich mein ehemaliger Schüler Sebastian an meinem Bett, mit betretenem Gesicht und einem verlegen hingehaltenen Blumenstrauß.
Sebastian war, als ich ihn unterrichtete, in den ›Flegeljahren‹. Er war ein ausgesprochen bockiges Kind gewesen, mit ziemlich mangelhaften Kenntnissen in Englisch. Groß, stark und frühreif legte er es ständig darauf an, seine Lehrer zu provozieren. Der Klasse imponierte das natürlich sehr, und viele Mitschüler versuchten, ihm nachzueifern. Ich haßte ihn deshalb und begann einen nahezu unerbittlichen Machtkampf mit Sebastian. Das kostete mich zwar einige Nerven, aber schließlich hatte ich ihn soweit ...
Er entwickelte sich im Laufe der Zeit zu dem besten Schüler der

Klasse, denn wie die meisten renitenten Kinder war er ganz aufgeweckt. Ich mußte nun seine Fähigkeiten loben, weil oft nur er schwierige Fragen beantworten konnte. Gemocht habe ich ihn trotzdem nicht besonders, denn zu sehr saß noch mein alter Ärger über ihn in mir.

Nun stand Sebastian, mittlerweile zu einem kräftigen Mann herangewachsen, an meinem Krankenbett. Ich hatte ihn schon lange nicht mehr gesehen. Ich weiß nicht, woher er von meinem Krebs wußte.

Sein Blumenstrauß war der rührendste, den ich je erhalten habe. Er bestand aus sechs weißen Nelken, und darin, schamhaft versteckt, war eine kleine rote Rose. Zum ersten Mal in dieser hektischen Zeit im Krankenhaus war ich wirklich betroffen.

Am Abend wurden dann die Fäden gezogen. Der Arzt bugsierte mich dazu ins Schwesternzimmer. Es war gerade Schichtwechsel, und die Nachtschwester, ein unsympathisches, altjüngferliches Biest, kam herein und musterte mich, wie mir schien, neugierig. Auf der Station waren Männer und Frauen untergebracht, und jeder hätte hereinkommen und mich betrachten können. Als die Prozedur fertig war, verkroch ich mich auf die Toilette, öffnete die Knöpfe meines Nachthemdes und sah die beschämende Bescherung: Anstelle einer kleinen festen Brust ein blutunterlaufener verkrusteter Strich wie ein langer Säbelhieb. Ich weinte in diesem Toilettenhäuschen die qualvollsten Tränen meines Lebens, lange und ausgiebig, immer wieder neue Sturzbäche quollen hervor. Am Tag darauf wurde ich entlassen.

Die Ankunft zu Hause war für mich freudig und wehmütig zugleich. Ich ahnte, daß es mir in Zukunft unmöglich sein würde, unser Haus jemals wieder mit dem gleichen Selbstverständnis wie vor meiner Operation betreten zu können. Alles war neu, anders, in Frage gestellt.

Mein Mann schob zwei tiefgekühlte Pizzen in den Ofen, und als sie fertig gebacken waren, fing ich gierig an zu essen – nach der Krankenhauskost ein wahrer Gaumenkitzel. Trotz meines schmerzenden rechten Armes wusch ich das Geschirr ab. Eine Tätigkeit, die ich hasse und die mir nun Bedürfnis war. Eine Stufe zur Rückkehr in die Normalität.

Am Abend des nächsten Tages saß ich mit meinem Mann vor dem Fernseher und sah ›Die Bekenntnisse des Felix Krull‹. Krull, beim Besuch eines Bordells, läßt sich von hübschen barbusigen Mädchen verführen. Ich empfinde mich als minderwertig, bin peinlich berührt und versuche, unbekümmert zu wirken.
Frauen, jahrhundertelang als Sexualobjekte der Männer verstanden und gefeiert, sind selten mit ihrem Aussehen restlos zufrieden. Einer meiner Komplexe war mein kleiner Busen, und jahrelang beobachtete ich eifersüchtig meine Schülerinnen, deren anfängliche Knöspchen meine spärlichen Kurven meist rasch überrundeten. Nun war ich rechts nicht nur flach, sondern konkav. Erst der Verlust machte mir klar, wie häufig ich an Scheinprobleme Energien verschwendet und Unwichtiges wichtig genommen hatte.
Der Kauf einer Silikonprothese (griffig, weich und schnell die Körperwärme annehmend – eine Masse, die mich an das eklige Kinderspielzeug SLIME erinnerte, mit dem die Buben meiner Freundin mich einmal erschreckt hatten) war die nächste Schwierigkeit, die mir bevorstand.
Mit zitternden Knien verließ ich meinen Wagen, den ich vor dem Sanitätsgeschäft geparkt hatte. Ich zögerte einzutreten und warf einen Blick in das Schaufenster: Rollstühle, Bandagen, Plastikbeutel für künstliche Darmausgänge, Korsetts, Bruchhalterungen ... Mir wurde schwindlig. Hoffentlich bediente kein Mann, sonst würde ich wieder hinausgehen, unverrichteter Dinge nach Hause fahren.
Ich holte tief Atem, und meine schweißige Hand erschrak vor der Kühle der Türklinke. Ängstliches Umherschauen, Forschen nach dem Geschlecht der Bedienung. Gott sei Dank! Nur Frauen! Die meist peinliche Befangenheit der Kundschaft kennend, wurde ich mit einem besorgten Krankenschwesterlächeln nach meinem Wunsch gefragt. Ich reichte wortlos mein Rezept hin: Brustprothese rechts mit Halterung. Als ginge es um den Einkauf eines normalen Kleidungsstücks, wurde ich mit größter Selbstverständlichkeit in eine abseits gelegene Kabine geführt, wo man mir die in Frage kommende Kollektion verschieden geformter Brustprothesen vorlegte. Die sympathische Verkäuferin konnte sich ihre Verwunderung nicht verkneifen und sagte: »So was Kleines hatten wir noch nie, und ich arbeite

schon zehn Jahre hier.« Mein permanenter Brustkomplex wegen des nicht vorhandenen femininen Volumens kehrte sich ins Gegenteil. ›Gott sei Dank‹, dachte ich nun, ›hast du keine Jane-Mansfield-Ausmaße.‹ Der Einkauf meiner 150-g-Prothese erschien mir weniger schrecklich angesichts der Dreipfünder, die in den unteren Regalen auf Kundschaft harrten. Der passende Büstenhalter (ich trug früher nie einen) hatte den modischen Schick einer Stillhalterung. Ein neckisches Spitzchen knapp unter dem Kinn kompensierte mangelnde Formschönheit. ›Meine tiefausgeschnittenen Sommerkleider und die Abendgarderobe werden in einem Rote-Kreuz-Sack enden‹, durchzuckte es mich plötzlich. Wie töricht, angesichts eines bedrohten Lebens solche Äußerlichkeiten zum Problem werden zu lassen. Und doch klammern wir uns an sie, halten an unseren Eitelkeiten fest und wollen den Ruf zur Umkehr, zur Besinnung nicht erkennen.
Schweißgebadet und kleinlaut verließ ich den Laden.

Wie wird eine Frau damit fertig, daß ein ›wichtiges Attribut‹ ihrer Weiblichkeit verloren ist?
Ich versuchte mich damit zu trösten, daß Materie, auch wenn sie organischer Natur ist, den geistigen Prinzipien und dem eigentlichen Sein untergeordnet ist. Natürlich klappte dieser Trost nicht immer, und oft genug war ich unendlich verzagt und verzweifelt.
In dem Maße aber, in dem ich körperlich beeinträchtigt wurde, fing ein seelisch-geistiger Entwicklungsprozeß an, der mir heute oft den Verlust gering erscheinen läßt, gemessen an einer neuen, tieferen Bewußtseinsdimension. Doch bis ich mich wirklich mit meiner Krankheit und ihren Auswirkungen auseinandersetzen konnte, war es noch ein langer Weg.
Die nächsten Tage bildeten erst einmal das Vorspiel zu den tiefen und schweren Depressionen, die mir noch bevorstehen sollten. Die behütende Atmosphäre des Krankenhauses, die tägliche Routine, die entmündigende Fürsorge fehlten mir jetzt. Ich fühlte mich nun ganz auf mich alleine gestellt, und die Furcht begann mich zu lähmen.
Die Todesangst (oder war es eher Lebensangst?) begann mich zu erdrücken. Der medizinische Befund war nicht gerade rosig. Fünf Lymphknoten waren bereits befallen gewesen und er-

schienen mir allnächtlich als bohnengroße Todesboten in meinen Alpträumen. Kaum ein Morgen brachte ein Erwachen ohne den Gedanken: ›Du hast Krebs‹ mit sich. Ich war hauptberuflich zum Patienten geworden und geriet in die Tretmühle frustrierter Mediziner, die, weil sie das Problem Krebs nicht in den Griff bekommen, jeden Krebspatienten als ihren persönlichen Gegner betrachten. Die Konfrontation mit den eigenen Todesängsten macht sie oft skeptisch, verhärmt und mißmutig. Wegen der eigenen Unsicherheit (allen euphorischen Vorstellungen zum Trotz, gibt es *kein* Medikament gegen Krebs) treten sie ihren Patienten gegenüber oft betont sicher auf, und gerade das schafft eine Wand, die einem vertrauensvollen Verhältnis im Wege steht.
Der einzige Arzt, der mir wirklich half (und zwar einfach durch seine menschliche Zuwendung), war der Chirurg. Er hatte vielleicht die geringste Ahnung von den unzähligen, sich widersprechenden und verwirrenden Theorien der Krebsursachen, dafür aber um so mehr von der Seele ...
Ein gesunder Mensch kann sich wahrscheinlich kaum vorstellen, wie ein überzeugt klingendes Wort des Trostes und des Glaubens an die Heilung, von einem Arzt ausgesprochen, Wunder wirken kann und wie umgekehrt der leiseste Zweifel, das Ausmalen aller schrecklichen Eventualitäten, als sachliche Offenheit verpackt, einen Kranken niederschmettert.
Nur der Arzt, der den Menschen in seiner Ganzheit, bestehend aus Körper, Geist und Seele be-handelt (also auch die Hand als Medikation einsetzt, etwas von sich gibt, sich dem Patienten zuwendet), verdient die Bezeichnung »Heiler«.
Als Krebspatient ist man extrem vielen Ärzten ausgeliefert. Besonders wenn man privat versichert ist, wird man gerne weitergereicht. (Ein Arzt sagte mir, ohne Privatpatienten seien all die kostspieligen Apparate kaum mehr tragbar.) So wandert man z. B. vom Gynäkologen zum Chirurgen, zum Radiologen, Chemotherapeuten, zum Internisten etc. Jeder Assistenzarzt muß auch noch ein wenig Senf hinzufügen, bis das Menü für den betroffenen Patienten schließlich völlig unverdaulich wird.
Jeder Kollege lächelt ein wenig über den anderen, denn da die Ursachen des Krebses noch weitestgehend im dunkeln liegen, sind Spekulationen Tür und Tor geöffnet. Zusammenarbeit gibt es kaum, und je mehr man Rat sucht, um so mehr wird man verunsichert.

In all der Zeit, in der ich von Praxis zu Praxis wanderte und immer niedergedrückter und wehmütiger wurde, litt ich unter der zwanghaften Vorstellung, mir keine Blöße geben zu dürfen und um Gottes willen nicht zu klagen. Meine Verbohrtheit ging so weit, daß ich noch nicht einmal während der vielen einsamen und scheinbar nutzlos verbrachten Stunden zu Hause weinen konnte. Ich überspielte meinen Kummer, meine Angst, meine Panik und mimte die Tapfere, eine Rolle, in der ich mir auch noch gefiel! In Abwandlung von Kästner könnte man wohl sagen: »Ihr ging es schlecht, doch tat sie heiter, als wäre nichts geschehen, weiter.«
Die 40 Bestrahlungen, denen ich mich unterziehen mußte, belasteten mich auch tatsächlich nicht körperlich spürbar, und vorübergehend setzte sogar ein kaum erklärbares Gefühl der Freiheit ein, das ich mitunter genoß. Ich war dem täglichen Arbeitstrott entronnen und konnte einmal ganz das tun, wozu ich Lust, aber niemals zuvor Zeit hatte.
Ich unternahm ausgedehnte Spaziergänge mit unserem Hund und hatte endlich Muße, all das zu lesen, was in meinem Berufs- und Hausfrauendasein liegengeblieben war. Niemand stellte Anforderungen, ich konnte mich plötzlich ganz auf mich selbst konzentrieren.
Die Freude daran war aber nur von kurzer Dauer. Nach einer Weile empfand ich den durch die Krankheit bedingten Zwang zur Untätigkeit und den Rückzug vom pulsierenden Berufsleben als unerträglich.
Eine Nabelschau setzte allmählich ein, die mit aller Brutalität eine Konfrontation mit mir selbst bewirkte. Und von allen Konfrontationen scheuen wir die mit uns selbst wohl am meisten. Alles stellte ich in Frage, nichts war mehr selbstverständlich, ich geriet gänzlich aus dem Lot.
Ich begann, mich morgens vor dem Aufstehen zu fürchten, und als Legitimation für längeres Liegenbleiben litt ich unter tatsächlich auftretenden, heftigen Schwindelanfällen. Alles wurde mir zu viel, und die Vorstellung vom todgeweihten Menschen, der in Anbetracht seiner Vergänglichkeit jede Blume und jeden Atemzug als einmaliges Geschenk genießt, hielt ich damals für ausgemachten Unsinn.
Alle Lebensbereiche wurden bald von dieser Angst überschattet. Ich mied es, in die Stadt zu gehen, weil mich das Gewühl der

emsigen Menschen zu erdrücken drohte. In Kaufhäusern litt ich unter quälender Klaustrophobie, und alltägliche Geschäftigkeit schien mir banal und unerträglich. Ich wußte, daß noch weitere, schwere medizinische Behandlungen auf mich zukommen würden, und in dem Maße, wie ich mich davor fürchtete, fühlte ich eine Veränderung in mir, die mir immer mehr wie ein Verlust der eigenen Mitte vorkam.
Von Kind auf war ich verwöhnt worden, hatte scheinbar nie Probleme gehabt und war mir immer als richtiger Glückspilz vorgekommen. Ich hatte jahrelang an Tennisturnieren teilgenommen und viele Preise errungen. Manchmal erschienen in unserem lokalen Blättchen Berichterstattungen von meinen Erfolgen, und ich war mächtig stolz, wenn meine Schüler Bilder aus der Zeitung, die mich im flotten Tennisdress zeigten, austauschten.
Ich engagierte mich im Tennisclub, in der Schule, pflegte Gesellschaften, kleidete mich modisch, fuhr einen kleinen Sportwagen und bewohnte mit meinem Mann ein Haus im Grünen. Ich war der sprichwörtliche Hans-Dampf-in-allen-Gassen. Wenn ich Klassen nach zwei oder drei Jahren abgeben mußte, wurde dies meist von rührenden Zeremonien begleitet, mit Abschiedsgeschenken, Blumensträußen und artig aufgesagten Gedichten. Das ist heute durchaus nicht mehr selbstverständlich und bestätigte mich in dem Gefühl, beliebt zu sein und mitten in meiner Welt zu stehen.
Freiwillig wäre ich nicht auf den Gedanken gekommen, all dies einmal in Frage zu stellen. Ich glaube, ich liebte das Oberflächliche zu sehr, um das Brodeln in der Tiefe hören zu können.
Warum ich das schreibe, Fritz Zorn?
Weil *ich* Krebs bekam, ohne mir zuvor bewußt unglücklich vorgekommen zu sein!

Auf einmal stehe ich draußen, sehe meine Persönlichkeit davongleiten wie eine graue Wolke an einem Aprilabend. Ich bin anders! Ich habe keinen Erfolg, die mich bewundert haben, bemitleiden mich nun. Meine vorgetäuschte Tapferkeit ist letzter, fader Rest meiner dummen Eitelkeit. Meine Welt gerät ins Wanken, alles dreht sich, ich möchte hinfallen, nie mehr aufstehen und eins werden mit der duftenden Frühlingserde. Was habe ich wirklich aus meinem Leben gemacht? Ich konnte ja

nicht ahnen, daß es nur so kurz bemessen sein sollte. Jetzt stehe ich mit leeren Händen da.
Die vielen Besucher, Anrufer, Briefschreiber trösten mich nicht, sondern ängstigen mich eher. Schüler, die mich besuchen (kein leichter Gang, eine krebskranke Lehrerin zu besuchen), belasten mich, und ich möchte fliehen. Ich habe meine Rolle als perfekter, unfehlbarer, berufsmäßig fröhlicher Mensch schon zu lange gespielt. Ich habe Angst, mir die Blöße der Trauer zu geben, verkrampfe mich, serviere Cola und Kuchen, lasse Anja Pfötchen geben, lache, möchte fit erscheinen, wohl mit Erfolg, denn man bleibt Stunden, wahrscheinlich aus Angst, zu sagen: »Wir müssen aber jetzt gehen.« Danach totale Erschöpfung!
Je mehr ich vor den Begegnungen mit anderen Menschen fliehen möchte, um so stärker wird der Besucherstrom. Ich täusche alle und mache sie glauben, mir mit Aufmerksamkeiten einen Gefallen zu tun.
Ich kann manchmal Menschen nicht mehr in die Augen blikken, schweife in Gedanken ab, verliere Worte, lasse Tassen zu Bruch gehen, kann den Einkaufszettel nur mit zittriger Hand schreiben, fühle im Supermarkt die Regale auf mich stürzen, möchte im Bus schreien und wundere mich über Menschen, die auch nur einfachste Tätigkeiten mit größter Selbstverständlichkeit verrichten.
Manchmal denke ich, ich lande in einer psychiatrischen Anstalt, und eine bedrohliche Sehnsucht danach macht sich bemerkbar, erfüllt mich und läßt mich nicht mehr los. Allen Gefühlen freien Lauf lassen dürfen, schreien, weinen, Haare raufen mit der Legitimation der Verrückten, die, weil für sie keine Norm gilt, sich nicht an gesellschaftliche Regeln zu halten brauchten.
In dieser Zeit der größten Resignation dürstete ich nach Hilfe und versuchte, sie überall zu erhalten. Ich wendete mich an die Vorsitzende einer Frauenselbsthilfegruppe und war fest entschlossen, zu den wöchentlichen Treffs der Brustamputierten zu erscheinen. Die Gleichung ›geteiltes Leid ist halbes Leid‹ ging aber leider nicht auf, für mich bedeutete sie Multiplikation.
Nachdem ich die 38jährige kennengelernt hatte, die in Kürze zwei kleine Kinder alleine zurücklassen würde und mit einem

verzweifelten Lebenshunger, Rückgrat und Leber voller Metastasen, allabendlich die örtlichen Diskotheken aufsuchte, gab ich auf. Zu sehr erinnerte mich dies an die grauenvollen Darstellungen der orgienfeiernden Pestkranken des Mittelalters vor ihrem Untergang.
In dieser Zeit fielen mir des öfteren Sinnsprüche aus dem Poesiealbum meiner Kindertage ein. Es faszinierte mich, wie man einmal Gehörtes oder Gelesenes doch gespeichert hat und zugeschüttete Gedanken in Notsituationen auftauchen. »Suche Dich nicht bei der Menge, bleibe stets auf Dich gestellt, denn da draußen ist nur Enge, doch in Dir die ganze Welt.« Das gab mir ein wenig Trost und legitimierte meine Sehnsucht nach vollständigem Rückzug.
In dieser Phase der Selbstbesinnung machte ich mir Vorwürfe über mein verpfuschtes Leben, über meine soziale Indifferenz und nahm mir fest vor, wenn ich die Krankheit überleben sollte, ein mindestens so entsagungsvolles Leben wie Florence Nightingale oder Schwester Theresa zu führen. Ich schämte mich meiner früheren Eitelkeiten, empfand es nur als recht und billig, angesichts des unsäglichen Leids auf dieser Welt ein wenig davon auf mich zu nehmen.
Ich war auf dem besten Wege, mir wieder eine neue Rolle zurechtzuschneidern, die alte hatte ich lange genug gespielt. Im Wonnemonat Mai, in dem die Natur zu neuem Leben erwacht, die Katzen brünftig um Liebe schreien, der Frühling sein blaues Band flattern läßt und die jungen Burschen liebevoller als sonst ihre Motorräder polieren, wurde ich kastriert. Gebärmutter, das unbenutzte kleine Ding raus, Eierstöcke auch, zack zack – sicher ist sicher, und bei der nachfolgenden Chemotherapie geht ja sowieso alles kaputt.

Seit langem schon hatte ich mir sehnsüchtigst ein Kind gewünscht, ein kleines Wesen, das ich pflegen und verwöhnen dürfte, dem ich aus meinen Märchenbüchern vorgelesen, dem ich Wärme und Geborgenheit gegeben hätte. Ich beneidete jede Frau, die einen dicken Bauch oder einen Kinderwagen vor sich herschob, und haderte mit dem Schicksal, das es zuließ, daß jährlich einige Hundert Kinder in Deutschland alleine zu Tode gequält werden und mir das Glück eines eigenen Kindes versagt bleiben sollte. Mit welchem Recht bekam die Frau eines

Trinkers im Obdachlosenasyl das 14. Kind und ich nicht einmal eins?
Ich hatte nie darüber nachgedacht, daß man der Natur vielleicht nicht ins Handwerk pfuschen und sie mit den Errungenschaften des 20. Jahrhunderts nicht ungestraft austricksen dürfe. Erst nahm ich jahrelang Pillen gegen Kinder, dann einige Zeit Pillen für Kinder. Die ersten wirkten, die zweiten nicht. Ich glaubte damals, daß mit eine Ursache für meine Krebserkrankung mein nicht in Erfüllung gegangener größter Herzenswunsch war. Die Trauer über meine Perspektivelosigkeit fraß ich in mich hinein.
Nach den beiden Operationen war ich in meinen Augen völlig wertlos geworden. Denn eine krebskranke Frau schien mir noch minderwertiger als eine kinderlose. Zu dem Kummer, daß ich nun nie mehr ein eigenes Kind bekommen sollte, gesellte sich der Komplex einer brustamputierten und kastrierten Frau. Zu der absoluten Gewißheit, kein neues Leben mehr geben zu können, kam auch noch das Gefühl des eigenen bedrohten Lebens hinzu.
Besonders die fehlende Brust machte mir zu schaffen. Ich glaubte, nun ohne jeglichen sexuellen Reiz zu sein und gleichsam als Neutrum meine letzten Tage (wie viele es auch immer sein mochten) verbringen zu müssen. Dankbar schien ich die Brosamen der Liebe meines Ehemannes aufpicken zu müssen, die er mir mehr aus langjähriger Verbundenheit denn wirklicher Leidenschaft hinwerfen würde.
Eine Bekannte sagte kurz vor meiner zweiten Operation: »Ach Gott, Sie kriegen ja langsam alles weggeschnitten, was Ihrem Mann Freude macht.«
Zwar war mir bewußt, daß das Unsinn ist, und mein Mann hat sicherlich niemals so gedacht, aber solche Sätze nisten sich ein und lassen sich schwer wieder tilgen, weil sie doch die eigene Angst vertiefen.
Wie bedauerte ich plötzlich, früher nicht mutiger gewesen zu sein. Unternehmungslustiger, freier! Warum hatte ich meinen Mann nicht ab und zu einmal betrogen? Was wäre schon dabei gewesen?
Der Gedanke, sexuell nun nie mehr attraktiv zu sein, festigte sich immer mehr, und je heftiger ich ihn nach außen hin verleugnete, um so mehr begann er, mich innerlich zu quälen. Ich ver-

suchte, meinen »Kastrationskomplex« damit zu kompensieren, daß ich mir sagte, wieviel besser ich doch dran sei als so viele meiner Leidensgenossinnen, die in materieller Abhängigkeit von ihren Männern leben und weder Zeit noch Möglichkeiten haben, ihre Lebenserfüllung in geistigen Inhalten zu suchen. Ich dachte an die vielen schwerstbehinderten Menschen, zu denen ich mich vom rein körperlichen Wohlbefinden her nicht zu zählen brauchte, die in manchen Bereichen erstaunliche und außerordentliche Fähigkeiten entwickeln, und tröstete mich damit, daß mir im angekleideten Zustand nichts anzusehen war.

Ein paar Mal stellte ich mich in einer selbstquälerischen Anwandlung, wenn ich allein im Haus war, vor den Spiegel und erschrak jedes Mal vor den zwei roten Striemen, die wie Kainsmale meinen Körper beherrschten: meine rechte obere Körperhälfte und meinen Bauch oberhalb der Schamhaare. Dann gab ich es auf und beschloß, mich selbst nur noch angekleidet zu betrachten.

Schauten mich Männer auf der Straße herausfordernd an, so stieg unweigerlich das Bild meines nackten Körpers vor mir auf, und ich ging mit verschlossenem Blick und einem sanften Gruseln weiter.

Assoziationen von Frankenstein tauchten auf, und ich selbst gab mir den Namen ›Frankensteins Tochter‹. Ich verfluchte meine Eitelkeit und begann meine Krankheit als Strafe Gottes dafür zu sehen. Nie mehr wollte ich meinem Aussehen so viel Bedeutung beimessen wie bisher, kein Geld mehr für teure Kleider vergeuden, um bußfertig und bescheiden den Verzicht auf alles Äußerliche zu demonstrieren. Krankheit als göttliche Strafe für menschliches Fehlverhalten zu deuten, geht auf die Urgründe menschlichen Bewußtseins zurück, und so begann ich darüber zu grübeln, was ich in meinem Leben denn noch alles verkehrt gemacht hätte, was die so schwere Strafe einer Krebserkrankung gerechtfertigt erscheinen lassen könnte.

Vieles erschien mir nun strafwürdig, und ich begann immer mehr, mein Selbstverständnis einzubüßen, die eigene Mitte zu verlieren.

Ich schämte mich, wie schnell ich immer entschieden hatte, ob mir Menschen sympathisch oder unsympathisch waren. Muß man nicht seinen Nächsten immer lieben? Hatte ich nicht

manchmal zu streng eine Fünf gegeben und dadurch Schülerseelen in tiefste Betrübnis getrieben? Was hatte ich mit meinen Begabungen, meinen Fähigkeiten getan? Sie waren vergeudet und für Jahrmillionen verloren. Ein Haus, in dem bequem zehn Menschen hätten leben können, hatten wir zwei uns angeschafft, anstatt alles Erarbeitete den Hungernden der Welt zu schicken. Warum mußte ich eine Pelzjacke kaufen, wo doch eine einfache wollene genauso gewärmt hätte?
Nach ein paar Wochen hielt ich diese quälenden Selbstzweifel nicht länger aus.
Der Trend, die Umwelt für alles Mißgeschick und Unglück verantwortlich zu machen, erschien mir nun der günstigere und mit Sicherheit leichtere Weg. Ein krebskranker Mensch ist immer auch ein psychisch in Disharmonie geratener. Der manifest gewordene Krankenstand bedeutet immer Krise und damit Gefahr und Chance zugleich. Niemals zuvor war ich so formbar gewesen, so stark neuen Erfahrungen und Ideen aufgeschlossen, aber auch so ausgeliefert.
In solch einer Zeit können das falsche Buch, der verkehrte Tröster, das ungesunde Beispiel verheerende Wirkungen auslösen, wie in der Umkehrung selbstverständlich auch das Gute sich in der angeknacksten Seele viel schneller einnisten kann als zu einer Zeit scheinbarer Gesundheit, die oft mit innerem Stillstand Hand in Hand geht.
Dein Buch, Fritz Zorn, war damals ein neuer Anstoß für mich. Nachdem ich es gelesen hatte, begann ich, mich auf all die soziologische und psychologische Literatur zu besinnen, die ich für meinen Beruf verschlungen hatte, und glaubte, hier eine Lösung zu finden.
Ein wohldosierter Cocktail aus Verhaltenspsychologie und Psychoanalyse, frühkindlichen Sozialisationsmustern, garniert mit einem Häppchen Ökologie (der rein politisch-gesellschaftskritische Ansatz lag mir immer schon weniger), sollte doch wohl in der Lage sein, das Phänomen Krebs (und besonders meines Krebses) in den Griff zu bekommen und sinnvoll zu erklären. Was lag wohl näher, als die Schuld an meinem Krebs auf die Familie und die kaputte Umwelt zu schieben?
Zuerst nahm ich nun einmal kräftig meine Mutter ran. Meine hypochondrischen Ängste konnten ja wohl nichts anderes sein, als eine in frühester Kindheit gezüchtete Neurose, mit einem

Zuviel an Liebe kräftig gedüngt. Wenn es wahr ist, daß ein Zuwenig an Zuwendung krank macht, so ist es doch wohl ebenso klar, daß ein Zuviel (bei entsprechender Disposition) auch krank macht, oder?
Also: Meine Mutter, in ihrer überschäumenden Liebe, hat erfolgreich ihre eigenen Ängste, Sorgen und Probleme auf mich abgewälzt und dadurch meine freie Entfaltung verhindert. Ihre Überbesorgtheit hat mich ängstlich gemacht, ihre Spielregeln des Lebens habe ich übernommen.
Meine früh geschlossene Ehe kann man auch nur so erklären, daß ich mich nicht getraut habe, meiner Mutter ins Gesicht zu sagen, daß ich in Freiheit und allein leben möchte. Um dem elterlichen Nest zu entrinnen, habe ich mir den ersten Mann geschnappt. Zu allem Überfluß einen Mann nach ihren Vorstellungen: fleißig, erfolgreich und zuverlässig, der mich ebenso gut vor Vergewaltigungen schützen würde, wie sie es zwanzig Jahre lang geschafft hatte. Alles bestens!
Weiter:
Mein beruflicher Ehrgeiz resultiert nur daraus, daß ich nach wie vor meine Mutter niemals enttäuschen will, ihr alles recht machen möchte.
Daraus folgt:
Die Enttäuschung besorgt nun der Krebs, und die mittlerweile berechtigte Sorge um mich geschieht ihr recht. Mir geschieht aber auch recht, denn ich werde bestraft für all die unterdrückten Wünsche und Bedürfnisse, die meiner innersten Natur entsprechen und die ich nicht ausleben durfte, weil meine Mutter aus falschverstandener Fürsorge es nicht zuließ. So sind nun beide gestraft. Sehr logisch!
Der Krebs ist ein Signal, mich endlich abzunabeln und nach eigener Sinnhaftigkeit zu suchen.
Schon die Tatsache, daß ich keine Kinder bekam, ist unbewußte Erfüllung des Wunsches meiner Mutter, die nicht gewillt ist, ihre Mutterposition zugunsten einer Omarolle aufzugeben. Meine Mutter, vollbusig und das Urbild alles Weiblichen, hat mich auch an meiner äußerlichen Entwicklung gehindert. Der Busen wuchs nicht nach außen und blieb kindlich klein. Der Wunsch nach Wachstum richtete sich bei mir nach innen: Krebs. Wie einfach!
Und nun begebe ich mich freiwillig wieder in die Rolle des

schutzbedürftigen Kindes, das die Mutter gebieterisch ans Krankenbett zitiert, um aus dem geliebten Märchenbuch vorgelesen zu bekommen und Zuwendung und Liebe zu erpressen, die ihm sowieso im Übermaß zuteil wurde. Wie ein Drogenabhängiger begebe ich mich in Todesgefahr, nur um der verstärkten Dosis willen.
Weiter geht es im psycho-soziologischen Schema:
Hätte sich aber nicht meine ganze Entwicklung, die sich offensichtlich destruktiv nach innen richtete, völlig anders gestalten können, wenn ich einen anderen Mann geheiratet hätte? (Die Überlegungen Krebskranker bewegen sich überdimensional häufig im Konjunktiv!)
Mein Mann, tüchtig und allgemein akzeptierte Normen selten in Frage stellend, eher vorsichtig als draufgängerisch, glücklich, sich aus kleinen Verhältnissen emporgearbeitet zu haben, hat mich gewiß ebenso wie meine Mutter an meiner Eigenentwicklung gehindert. Die Liebe zu Äußerlichkeiten, das Erfolgsdenken, angepaßte Lebensweise, mangelnde Zivilcourage – all das mußte doch in dieser Ehe sich zwangsläufig verstärken.
Früher, da konnte ich wenigstens von Zeit zu Zeit einen handfesten Streit inszenieren, heute ist das schon lange nicht mehr möglich. Mein Mann streitet nicht gerne. Ich aber, eigentlich streitsüchtig, habe aufgesteckt und streite nun mit mir selbst, fresse in mich hinein. Krebs! Wie einleuchtend!
Meine Fähigkeit, mich durchzusetzen, hat sich dadurch langsam, aber unaufhaltsam verflüchtigt. Die Angst vor dem Versagen, die Angst, den Anforderungen meiner Familie nicht mehr entsprechen zu können, macht sich breit. Hat sich auch, wenngleich geschickt getarnt, in den letzten Jahren schon in der Schule bemerkbar gemacht.
Ich habe es satt, als tüchtige und redegewandte Ehefrau vorgezeigt zu werden und dem Klischee, daß Frauen dumm seien, den Garaus zu machen.
Mein Mann ist der Typ, den Frauen gerne mögen, der auch (und vielleicht gerade) ältere Frauenherzen höher schlagen läßt. (Vorsicht, Mutter!)
Die hochgeschraubten Erwartungen der Familie kann ich nicht erfüllen, und da ich zu feige bin, dies offen zu sagen, werde ich innerlich aufgefressen. Krebs!
Soweit der Analytiker!

In Wirklichkeit ist mein Mann sehr lieb und verständnisvoll. Das kann man auch daran erkennen, daß er, ohne zu knurren, gemeinsam mit mir zum Vollköstler wurde. (Daran kommt kaum ein Krebspatient vorbei!)
Nach meinen sozio-psychologischen Analysen, die mir kaum weiterhalfen, besuchte ich also ein Seminar über Vollkosternährung. Ja, nun bin ich ausgebildete Vollkostköchin. Ein anderer Mann als der meinige hätte wahrscheinlich mit dem knochenharten, industriezuckerlosen und vollkornmehligen Weihnachtsstollen heimlich die Enten gefüttert. Mein Mann hat ihn gegessen!
Nicht daß ich meine neu gewonnenen und mühsam erworbenen Prinzipien einer gesunden Ernährung wieder völlig über Bord geworfen hätte, doch glaube ich heute, man sollte in der Euphorie über die Vorzüge natürlicher Kost nicht den Boden der Realität verlassen.
Gestern durfte man keinen Kaffee trinken, heute mußte man Tomaten und alles unter dem Boden Gewachsene meiden, morgen Wurst und Käse nicht zusammen essen. Wenn ich alle gutgemeinten Ratschläge zur gesunden Ernährung, speziell zur Krebsprophylaxe, wirklich befolgt hätte, wäre ich schon verhungert, denn faßt man alles zusammen, darf man eigentlich nichts mehr essen.
In einer Zeit völliger Verunsicherung, Angst, Orientierungslosigkeit und trüber Zukunftsaussichten scheint es mir wenig ratsam, alle neuen Schreckensmeldungen begierig aufzuschnappen und die daraus entstehenden Unlustgefühle permanent zu hätscheln. Wenn es einem Menschen Spaß und Freude bereitet, ausschließlich Rohkost und Körner zu sich zu nehmen, so ist dies die richtige Lebensweise für ihn, und er erweist sich und seinem Selbstverständnis einen unschätzbaren Dienst, wenn er sich seiner Überzeugung gemäß ernährt. Er hat das Gefühl, seiner Gesundheit zuliebe zu leben, vernünftiger zu sein als seine Mitmenschen, und vielleicht ist sein Glaube an die heilende Wirkung bei Verzicht auf delikatere Speisen so stark, daß er damit wirklich eine bestehende Krankheit besiegen kann. Die Macht des Glaubens, womit man ja bekanntlich Berge versetzen kann, sollten wir auch in unserer wissenschaftshörigen Zeit nicht unterschätzen. Nicht umsonst kann man mit Scheinpräparaten so unendlich viele Gebrechen nachhaltig kurieren. Inter-

essanterweise erhöht sich die Wirkung von Placebos, wenn der Arzt selbst nicht weiß, daß es sich um ein Scheinarzneimittel handelt, wie Langzeitstudien an Krankenhäusern bewiesen haben. Ein weiterer Beweis für die Macht des Glaubens! Rohkost, vegetarische Ernährung, Verzicht auf Zucker und Auszugsmehle sind mit Sicherheit ein Weg, den Geißeln des heutigen Industriezeitaltermenschen wirkungsvoll entgegenzutreten. Fanatische Ausschließlichkeit und vor allem das Missionartum so mancher Nahrungsfetischisten mit all den versteckten Ängsten sollte einem jedoch zu denken geben. Der wichtigste Faktor in der Umstellung seiner Lebensgewohnheiten, insbesondere des Essens, ist das Bewußtsein, aktiv für seine Gesundheit etwas getan zu haben. Das kann man auch, wenn man gelegentlich ein Stück Torte ißt oder ein Schweineschnitzel.

Ich erwähnte schon, daß ich in dem Jahr meiner Patientenkarriere unzählige Bücher verschlungen habe, und die meisten davon behandelten das Thema Krebs.

Nicht, daß ich mich heute darüber amüsieren würde und die Lektüre solcher Bücher wie: »So besiegte ich den Krebs« für vertane Zeit hielte! Die Stationen meines Lernens waren im wesentlichen dadurch gekennzeichnet, daß ich immer wieder neue Irrtümer einsah. Krankheiten, und insbesondere Krebs, haben alle so völlig individuelle Merkmale, daß man Ursachen und Heilungschancen so wenig voraussagen kann wie die Form einer Schneeflocke oder einen der Fingerabdrücke der Milliarden von Menschen, die unsere Erde bevölkern. Jeder trägt sein individuelles Schicksal in sich. Krankheit ist der Verlust des geglückten Zusammenspiels von Körper, Geist und Seele, und wie man in diese Harmonie zurückkehrt, ist das ganz persönliche Problem jedes einzelnen. Der Arzt oder derjenige, der scheinbar Ähnliches erlebt und durchgestanden hat, kann ermutigen, Impulse geben, Vertrauen wecken, Hoffnung entstehen lassen. Heilung im Sinne von ›heil werden‹ kann nur von innen heraus erfolgen. Gleiches gilt für das Lernen. Die modernsten Technologien, Lehrprogramme, Sprachlabors, der vermessene Unsinn pädagogischer Höhenflüge der vergangenen Jahre hat den Menschen nicht um einen Deut klüger gemacht. Die Arbeit des Lernens, die Entwicklung durch Einsicht und Erfahrung muß jeder aus eigenem Impuls erleben. Lehrer wie Arzt können nur Vermittler sein. Dies zu erkennen und selbst zu erleben, war

ein wichtiger Prozeß für mich und hat mir ein wenig die Angst vor dem Versagen gerade auch in meinem Beruf genommen. Man wird mir entgegenhalten, daß Frau R. aber gestorben sei, obwohl sie fest an ihre Genesung geglaubt hätte und bis »zuletzt« von einem nahezu unverwüstlichen Lebenswillen beseelt gewesen wäre. Ihr innerer Arzt müßte eigentlich perfekt funktioniert haben. Ich frage Sie, woher wollen Sie das wissen?
Gerade in den Zeiten tiefster Depressionen gab ich mich nach außen besonders gelassen und wohlgemut. Das verbale Eingestehen von Lebensängsten und vielleicht sogar Todessehnsucht ist so ungeheuer und bedrückend, daß man solche Gefühle besser in die Versenkung abschiebt. Dort aber arbeiten sie emsig weiter, und manchmal, wenn wir den Mut dazu haben, weinen wir vor Gott unsere Tränen. Menschen in der Krise greifen nach jedem Strohhalm, der ihnen Hilfe und Trost bieten kann. Ein Rezept für das Überleben gibt es jedoch nicht, weil der Lernweg jeweils ein individueller ist.
Ich stand unter einem anhaltenden Schock und wagte nicht einmal, mir selbst meine Verzweiflung einzugestehen. Einen besonders starken, ja unlöschbaren Eindruck machte damals das Buch »Gespräche gegen die Angst« von A. Tausch auf mich. Nach einer Brustkrebsoperation hat die Autorin darüber geschrieben, wie Krebspatienten mit ihren Problemen fertig werden. Mein Lesen geschah zwanghaft. Ich war entsetzt über all die Berichte Sterbender, die mit dem Leben abgeschlossen hatten und im letzten Stadium sich auf ihren bevorstehenden Tod freuten. Ich mußte das Buch in einem Zug auslesen, konnte nicht aufhören, steigerte mich in all die Todesvorstellungen hinein und ging zitternd und völlig übermüdet ins Bett, um mich schlaflos schwitzend und von Alpträumen geplagt hin- und herzuwälzen. Viele sagten mir: »Lies doch so was nicht! Lies lieber was Witziges!« Aber obwohl ich entsetzlich betroffen war, wußte ich, daß es für mich wichtig war, mich mit dem Thema Tod auseinanderzusetzen.
Ich las das Buch kurz nach meiner zweiten Operation. Eine chemotherapeutische Behandlung, vor der mir am meisten grauste, sollte in vier Wochen erfolgen. Die Vorstellung, daß ich bei dieser schrecklichen Therapie alle Haare verlieren würde, raubte mir das letzte Selbstbewußtsein und führte dazu, daß ich keinen Menschen mehr sehen wollte. Selbst rührend besorgte

Nachbarn, die mich mit allerhand Unternehmungen ablenken wollten, wurden mir zuviel. Nur mit größter Selbstbeherrschung empfing ich Besucher, die nach wie vor zahlreich erschienen. Ich ging nicht ans Telefon, aus Angst, es könnte sich jemand anmelden, oder ließ mich, wenn mein Mann zu Hause war, verleugnen. Die Erfahrungen so vieler Schwerkranker, daß sie von anderen Menschen gemieden werden, kann ich mir nur so erklären, daß sie ehrlicher als ich ihre wirklichen Gefühle, Ängste, Sorgen und Nöte preisgeben. Ich aber lebte nach dem Motto: »Viel hören, wenig sagen, seine Not nicht jedem klagen ...« (Poesiealbum!), log mir und anderen etwas vor und erfreute mich größter Beliebtheit (das einzige, woran ich mich »erfreute«).

Da ich aber nun merkte, daß es so nicht weiterging und ich einfach jemandem mein Leid klagen mußte, wollte ich nicht daran zerbrechen, suchte ich einen professionellen Zuhörer auf, dem man außer dem nicht unbescheidenen Honorar zu nichts verpflichtet war.

Meine Angst und innere Zerrissenheit waren so groß geworden, daß ich nur in Panik alleine Auto fahren konnte. Ich war ständig von der Vorstellung geplagt, sterbensmüde und erschöpft an einer Leitplanke zu landen.

Die Praxis des Psychiaters erreichte ich mit zitternden Knien, ein Gefühl der Trunkenheit ohne die angenehme Hemmungslosigkeit des Rausches kam über mich, und erschöpft sank ich in den teuren Nappaledersessel. Nachdem ich meine Probleme in kurzen Worten geschildert hatte, sah mich dieser Seelenexperte mitleidig an, schüttelte den Kopf ein paarmal und seufzte: »Eine so strahlende junge Frau«, womit er vielleicht weniger Sachkompetenz als spontane Menschlichkeit bewiesen hatte. Ich begann zu ahnen, daß Hilfe hier zu erlangen wohl eine Illusion gewesen sei, und doch erhielt ich sie, nur auf völlig andere Weise, als ich es gedacht hatte.

Dr. K. machte mir den Vorschlag, eine Gruppentherapie mitzumachen, und als ich schon entsetzt ablehnen wollte, weil mir die Vorstellung, unter fremden, unbekannten Menschen meine Ängste breitzutreten, ein Horror war, wurde mir klar, daß ich nur durch das Überwinden meiner Ängste und bewußtes Annehmen all dessen, was mich bedrückte, eine Besserung erwarten durfte.

Nur ungenau erinnere ich mich an den Verlauf der ersten und einzigen Gruppensitzung, an der ich teilnahm. Die Gesichter all der Menschen, es waren schätzungsweise zwanzig, die hier zusammengekommen waren, um Hilfe zu erhalten, nahm ich nur schemenhaft wahr. Wie durch einen Nebelschleier hörte ich all die Selbstbeschuldigungen und Probleme, die nicht die meinen waren, an. Ja, es erschien mir lächerlich, mit all diesen Leuten in einer Runde zu sitzen und mir ihre »läppischen Sorgen« anzuhören angesichts der Tragweite meiner eigenen Problematik. Ich war damals noch nicht fähig zu erkennen, daß das eigene Problem immer das bedeutsamste ist, wie nichtig es auch der Umwelt erscheinen mag.

Ich kam mir vor wie in einem surrealistischen Theaterstück, in dem ich als Zuschauer auf die Bühne gebeten wurde, um gleichzeitig Akteur zu werden. Ich weigerte mich aber zu agieren, durchkreuzte die Pläne des Regisseurs und schwieg mich störrisch aus.

Von Zeit zu Zeit sah ich meinem Nachbarn auf die Hände, und was sich in meiner Erinnerung überdeutlich festgesetzt hat, sind diese Hände. Sie stießen mich ab, ja, ich ekelte mich ein wenig vor ihnen, und doch fühlte ich mich gleichzeitig auf eigenartige Weise angezogen. Eine kleine, feste Hand, weiß, an der sich die Rillen der Finger in überdeutlichem Rot abzeichneten. Die Nägel waren stumpf und glanzlos, die Haut trocken und porös, spröde, als wäre sie mit einer Chemikalie gegerbt worden. Unablässig kratzten sich diese Hände in selbstzerstörerischer Wut. Ich ärgerte mich darüber, fand dieses fortwährende Kratzen eine Zumutung und hätte mich am liebsten unter Protest weggesetzt. So sehr stießen mich diese Hände ab und zogen mich doch in einem Maße in ihren Bann, daß ich ihren Besitzer lange nicht betrachten konnte.

Nachdem ich mich eine Weile geärgert und geekelt hatte, stieg in mir das Bedürfnis auf, diese ewig rastlosen und masochistischen Hände zu umfassen. War es am Anfang noch mehr das Verlangen nach Ruhe, so entwickelte sich nach längerem Studium dieser Unruhegeister ein fast liebevolles Verhältnis zu ihnen.

Sie erschienen mir nach einer Weile wie kleine, ruppige, aus dem Nest gefallene Vögelchen, die ich unter meine Fittiche nehmen wollte, abschirmen wollte gegen die Gefährnisse

einer gefräßigen und boshaften Umwelt. Ich spürte eine Wärme in mir aufsteigen, die zum einen Teil sich aus mir selbst entwickelte, zum anderen jedoch aus einer überdeutlichen Empfindsamkeit und Aufnahmebereitschaft für die Körperwärme meines händekratzenden Nachbarn. Langsam hob ich den Blick und tastete mich an den Ärmeln hoch. Grau! Wolle! Grau ist keine Farbe, ist undefinierbar, trostlos, Novembertag. Kein Interesse, das Gesicht zu sehen und erst recht nicht das Profil. Blick zurück zu den Händen, die lebhaft juckend im Schoß agieren. Grau die Hosen, Socken bestimmt auch, Schuhe sicherlich schwarz. Kurzer Blick: stimmt!
Mit der professionell sanften Stimme des Psychiaters folgt die Ankündigung einer kleinen Teepause. Die Atmosphäre soll Vertraulichkeit schaffen und Hemmungen abbauen. Bloß keine Irrenhausstimmung. Gemütlichkeit ist die Devise.
Ich empfinde Melancholie, stelle mich bewußt absondernd an das geöffnete Fenster und atme die schwere süße Spätmaienluft ein. »Komm, lieber Mai, und mache ...« Ja, was eigentlich?
Die Praxis liegt im noblen Villen- und Parkviertel unserer Stadt. Die Kastanienbäume stehen in voller Blütenpracht, einige rosablühende darunter – rosa, meine Lieblingsfarbe. Kitschig schön dazu der marineblaue Himmel und die Bienlein sum, sum, sum. Biene müßte man sein, am besten Königin. Den Honig schleppen die Arbeiterinnen herbei, fleißig, fleißig – eins, zwei, drei. Nach dem Hochzeitsflug werden die Drohnen kaputtgemacht und beim Großreinemachen aus dem Stock gefegt. Emanzipationsprobleme gibt's da nicht. Alice Schwarzer, eine reinkarnierte Bienenkönigin – wahrscheinlich! Keiner Drohne muß man das Weiblichkeitsopfer mit entblößtem Busen auf dem Altar des Sexus zelebrieren.
In der Ferne die sanften Mittelgebirgshügel, flirrend durch die sommerliche Hitze belebt.
Eine Hitzewallung steigt in mir auf, typische Beschwerden der Frau in den Wechseljahren, oder auch nach Totaloperation. »So läßt sich häufig als Zeichen der Umstellung eine Änderung in der nervösen Versorgung der kleinen Blutgefäße feststellen, erkennbar durch Hitzewallungen, Schweißausbrüche, Ohnmachten, Herzklopfen, Schwindelanfälle, Atemnot. Die Umstellung der inneren Sekretion bedingt eine Schrumpfung

der Geschlechtsteile, etc. ...« (Gesundheitsbrockhaus) Jetzt eine kalte Dusche und alles runterspülen.
Plötzlich grau neben mir. Wolle bei 25 Grad, der hat wirklich 'ne Macke und braucht 'nen Psychiater.
»Warm heute, nicht?« sagt plötzlich der Graue.
Wie kann eine so angenehme Stimme so Banales von sich geben? Unwillig schaue ich auf und blicke in ein trauriges Gesicht, ziemlich faltig, vorzeitig gealtert, denn die Augen sind noch jung und stehen zu den verhärmten Mundwinkeln in seltsamem Kontrast. Es sind die unschuldig blauen Augen eines verwundert in die Welt schauenden Kindes. Blaue Blume der Romantik, niemals zu stillende Sehnsucht, Suchen und Verlangen. Die Augen faszinieren mich, ich finde sie schön, klar und ehrlich. Das jahrhundertealte Besingen blauer Augen scheint mir mit einem Mal nicht mehr geschmacklos und sentimental. Betrachtet man diese blauen Kinderaugen und den spärlichen Flaum einer zu früh gebildeten Glatze, kneift die Lider ein wenig zu, sieht nur diesen Flaum und die Augen, übersieht Mundwinkel und Falten, glaubt man die Sandkastenbekanntschaft unbeschwerter Kindertage vor sich zu haben. – »Das ist meine Burg, wehe, du machst sie kaputt, ich sag's dem Wärter.«
Die noch nicht erloschene Stimme des Weibes flüstert in mir: »Paß auf, Kleiner, werd nicht frech, sonst ersticke ich dich unter meinem Rock. Nimm deine Sandförmchen und hau ab!«
Aber höflich sage ich: »Ja, wir können uns über dieses herrliche Frühjahr nicht beklagen.«
Er stellt sich neben mich, teetassenklimpernd (geben diese Hände nie Ruhe?), und schaut, Melancholie mit mir teilend, zum Fenster hinaus.
»Hau wirklich ab, Mensch!« denke ich und beschließe zu gehen, aber wohin? »Ist Ihnen nicht zu warm in dem Pulli?«
»Nein, ich schwitze nie!«
Pause, Schweigen!
»Kennen Sie sich hier aus? Wo kann man gut essen gehen?«
Ich fürchte, im Unterton eine Einladung mitschwingen zu hören, und bedaure meine teils hingebungsvolle Betrachtung der Hände von vorhin.
»Versuchen Sie's doch mal mit Weißwürsten im Braustübl«, würde ich gerne schnippisch erwidern, lege aber meine Stirn in artige Falten zum Zeichen angestrengten Nachdenkens. Er

merkt wohl instinktiv meine Abwehrhaltung und fügt eilig erklärend hinzu: »Ich bin nämlich gestern erst hier angekommen. Komme aus C. und werde ein paar Wochen hier verbringen.«
»Ach so! Versuchen Sie's doch mal in der ›Rose‹ in der Augustinerstraße! Gute Küche, französisch und nicht zu teuer!«
»Vielen Dank!«
Er verläßt den Raum und geht wahrscheinlich pinkeln. Irgendwie muß ein Mensch, der nie schwitzt, seine Flüssigkeit ja abgeben.
Die Pause ist zu Ende, und wir sitzen wieder brav auf unseren Stühlchen.
Meine Verkrampfung und Angst haben sich verflüchtigt, und ich beginne das Papier, das ausgeteilt wurde, um Assoziationsfetzen aufzuschreiben, über die wir anschließend reden sollen, mit Bienen und Schmetterlingen vollzumalen. Psyche ist griechisch und bedeutet Schmetterling.
Neben mir Hände, die aufhören, sich zu jucken, und geschwind einen hübschen lustigen Igel auf weißes Papier zeichnen. Finde ich irgendwie süß. Langsam entsteht ein kleiner Zoo. Zum Schluß male ich eine züngelnde Schlange und einen Apfel mit Wurm.
Die Sitzung ist beendet, Kinder geht nach Hause. Hausaufgabe: Überlegt euch, welche Empfindungen in euch hochgestiegen sind und werdet euch klar, ob ihr das nächste Mal darüber sprechen wollt!
Wir verlassen beide den Raum, gehen wortlos und auf gleicher Höhe das hübsche Jugendstiltreppenhaus hinunter. Auf der Straße höre ich mich sagen: »Sie können mich ja mal anrufen, wenn Sie sich ganz allein fühlen!« Ich gebe ihm meine Telefonnummer, er sagt: »Vielleicht.«
Am nächsten Tag muß ich ins Krankenhaus, um ein Knochenszintigramm machen zu lassen. Mir graut es davor. Zwar ist dies keine Untersuchung, die schmerzhaft ist, trotzdem ist sie barbarisch. Man wird mit einem radioaktiven Mittel gespritzt und muß dann zwei Stunden warten, bis sich alles schön im Körper verteilt hat. Anschließend wird man unter eine Art Geigerzähler gelegt und sieht sein eigenes Knochengerüst auf einem Monitor in den buntesten Farben schillern. Da der Patient keine Ahnung hat, wie sich eine Tochtergeschwulst, nach der man eifrig fahndet, zu erkennen gibt, ist jedes Spiel der Farben, jede

Veränderung erschreckend. Die im Raum anwesenden Ärzte und medizinisch-technischen Assistenten beobachten den Monitor mit distanzierter Gelassenheit. Pokerface und zur Abwechslung mal ein bedeutsames Stirnrunzeln. Das gehört zum Geschäft.
Ich wähle also sorgfältig aus, was ich anziehe, und schminke mich ausgiebig. Ich will nicht wie zu meiner eigenen Beerdigung erscheinen. Eitelkeit ist natürlich dabei im Spiel, aber auch die Hoffnung, mit einer fröhlichen, lebensbejahenden Aufmachung die über Leben und Tod entscheidenden göttlichen Roboter und roboterhaften Götter gnädig zu stimmen. Wie sollten sie es wagen, einem so viel Optimismus ausstrahlenden Menschlein das Todesurteil zu verkünden?
Ich ziehe ein weites, fliederfarbenes Sommerkleid an, die Taille eng geschnürt, und einen duftigen Unterrock mit einer hübschen Baumwollspitze, die ein wenig hervorschaut. Das war schon einmal modern gewesen, als ich noch ein ganz junges Mädchen war. Mutter mußte die Petticoats so lange stärken und bügeln, bis die Röcke im richtigen Winkel abstanden und in der Tanzstunde fröhlich wippten. Nach einem Sommertanztee kam man dann müde und glücklich nach Hause. Die so sorgfältig behandelten Röckchen hatten dann erheblich an Stehvermögen eingebüßt. Der Rock 'n' Roll und die schwüle Sommerluft, der Schweiß der Anstrengung und der ahnenden Erregung hatten ihnen zugesetzt. Die Eltern fragten, ob es schön gewesen sei und ob man auch oft genug aufgefordert worden sei? Nicken und nicht zu viel erzählen. Nach einem hastig gegessenen Abendbrot (keinen Hunger heute!) ins Bett gehen. Nicht einschlafen können. Sich an das geöffnete Fenster stellen, eine heimliche Zigarette rauchen, Blick in den Abendhimmel, Duft der Lindenbäume und Sehnsucht nach etwas ... Erst viel später weiß man, daß dies Sinnlichkeit ist und daß die Sehnsucht danach oft viel berauschender ist als das wirklich Erlebte.

Im St. Antonius Hospital, wo ich übrigens vor 32 Jahren geboren wurde (– Anfang und Ende? –), hat man die radiologische Abteilung, in der auch die Szintigramme gemacht werden, in den Keller verlegt. Das Krankenhaus platzt trotz Neuanbauten buchstäblich aus allen Nähten, und irgendeine Abteilung muß schließlich in den Keller. Daraus eine Folgerung für die

Zukunftsaussichten und die Wertschätzung von Krebspatienten ziehen zu wollen, spräche von übertriebener Empfindlichkeit. Auf jeden Fall kann man sich im Keller nicht mit Sturz aus dem Fenster in freitödlicher Absicht den medizinischen Untersuchungen entziehen.
Ich nehme auf dem »gemütlichen« anthrazitfarbenen Plastikstuhl Platz. Weil ab und zu mal jemand mit dem Rollstuhl vorbeigefahren wird und der Durchgang so eng ist, schlinge ich meine Füße um die vorderen Stuhlbeine. Langsam wird das kalte Metall warm.
Ich bin als letzte angekommen und werde gemustert. Neun Leute sitzen auf Abruf, alles ältere Menschen, niemand unter 55. Drei Frauen tragen Perücken, werden also auch chemotherapeutisch behandelt. Die Perücken sehen aus wie Mops und scheinen lieblos über die kleinen Köpfe mit den blassen, faltigen Gesichtern gezogen worden zu sein. Eine medizinisch-technische Assistentin verhandelt mit einem Mann: »Sie haben zwei Stunden Zeit. Sie können in der Zwischenzeit gerne etwas erledigen.« – »Nein, danke! Ich warte. Wir warten ja wohl alle ... auf den Tod.«
Zustimmung heischendes Grinsen und uns andere Patienten herausforderndes Betrachten. Der Mensch entpuppt sich als Witzbold. Eine absurde Situation. Wir sitzen in einem weißgefliesten unterirdischen Gang. Schlachthausatmosphäre drängt sich selbst dem Phantasielosen auf.
Zehn kleine Schweine, die sitz'n auf 'ner Bank
sie haben nichts zu lachen, sind alle ziemlich krank
zwei kriegen gleich 'ne Spritze
Da waren's nur noch acht
Das eine macht ständig Witze
Worüber keiner lacht ...
Werden ja doch bald geschlacht.
Je weniger der Humorvolle mit seinen Witzen ankommt, um so verzweifelter versucht er, uns zum Lachen zu animieren. Er ist verzweifelt, daß seine Art der Problemlösung nicht die unsere ist, und erinnert mich in seinem Eifer an den dummen August in der Manege, der die Umbauarbeiten für die Raubtierdressur mit faden Witzen überbrücken muß, den monströsen Abstand zwischen den kraftvollen Löwen und seinem kleinen, deformierten Leib wohl kennend.

Akrobat schöööön!
Nur eine der Perückenträgerinnen geht auf ihn ein und sagt in regelmäßigen Abständen nickend: »Ja, ja, so is es« oder »Gut, wenn de Mensch noch Humor hat«.
Ich komme gemäß meinem Auftritt als letzte dran in diesem Drama und weiß nach der Spritze nicht, wo ich hingehen soll, um die zwei Stunden Galgenfrist zu verbringen. Mir zittern die Knie, und Autofahren möchte ich in dem Zustand nicht. Also setze ich mich auf die Bank vor dem Hauptportal. Die Taxifahrer nicken mir fröhlich zu.
... in Ewigkeit, amen.
Nun beginne ich langsam einen Begriff, eine Vorstellung von der Ewigkeit zu erlangen. Man muß immer jeder Situation etwas Gutes abgewinnen (Positive Psychologie, Bd. 1, Seite 1). Aha, nun bin ich also dabei, etwas zu lernen. Aber was? Bitte aufgemerkt!
Ich lerne zu warten.
Das tut dir gut, Kind. Du bist immer so huschelig (für linguistisch Interessierte: von husch, husch = umgangssprachlich für schnell, schnell oder rasch, rasch). Keine Zeit zum Verweilen, in die Tiefe gehen, dich selbst ergründen, den inneren Buddha als Seinsfindung zu erleben. Auf dieser Parkbank kannst du es lernen.
In meiner Arbeit fürs Erste Staatsexamen beschäftigte ich mich mit dem Problem der Zeit in Manns ›Zauberberg‹. Wie grau ist die Theorie im Vergleich zur subjektiven Erfahrung. Warum muß alles, was wir als schön und beglückend empfinden, so schnell vergehen? Aber Leid, Kummer, Schmerz oder auch nur einfach Langeweile können ewig nicht enden?
Als die zwei Stunden doch schließlich abgesessen sind, schleiche ich trübsinnig in den Keller zurück. Junge Krankenschwestern kommen mir fröhlich entgegen und freuen sich auf die Mittagspause und ein kleines Sonnenbad. Als ich unten erscheine, ruft eine Assistentin: »Da kommt ja noch ein Knochen« (»Kosename« für einen Patienten, an dem ein Knochenszintigramm durchgeführt wird), und etwas unwillig werde ich auf die Pritsche gebeten, da die Mittagspause kürzer als erhofft sein wird.
»Aber, aber, was ist denn das?«
»Herr Doktor, kommen Sie doch mal!«

Mein Herz macht bum – budi – bum – budi – boo – boo – boo –
Ein Fleck ist im Rückgrat, Karl Ottoo ... Mach ihn weg, den Fleck, oh Henry ...
»So, Frau Lenker, setzen Sie sich erst mal, keine Sorge ...«
Heile, heile, Gänschen, es wird schon wieder gut,
heile, heile Mausespeck
in hundert Jahren ist alles weg.
»Wir haben hier ein kleines Fleckchen, aber letzte Klarheit können wir erst durch Röntgen erzielen.«
Ich starre ihn an. Der Herr Doktor wird zum hypnotisierten Kaninchen und beantwortet die telepathisch vermittelte Frage: »Wann wird geröntgt« brav: »Jetzt ist erst mal Mittagspause, aber damit Sie nicht bis morgen warten müssen, kommen Sie in einer Stunde wieder, dann schauen wir noch mal genau nach.«
Juchhu, ein Mensch als Arzt verkleidet!
Die Stunde vergeht relativ schnell.
Siehste, hast schon was gelernt!
Nach der elften Schichtaufnahme kann man Gott sei Dank immer noch nichts erkennen und entläßt mich huldvoll lächelnd mit der Bemerkung, ich brauche mir vorläufig keine Sorgen zu machen, man müsse eben weiter beobachten.
Der Chef hat's gesprochen, und drei Ärzte und zwei medizinisch-technische Assistentinnen nicken zustimmend.
Auf dem Nachhauseweg bin ich euphorisch. Die Spannung des Wartens hat sich entladen, und ich könnte die ganze Welt umarmen.
Manchmal muß ich mir den Chef und seine Vasallen in Unterhosen vorstellen, um die kindliche Angst vor ihnen zu überwinden und mich für die nächsten Untersuchungen zu wappnen. Das klappte früher bei den Lehrern immer prima, besonders vor Klassenarbeiten und Zeugnissen.

Kurz nach dem Frühstück klingelte am nächsten Tag das Telefon.
Ich überlegte, ob ich drangehen sollte. Ich wollte meine Ruhe haben, es war ein herrlicher Frühsommertag, die gelben Sonnenblumen auf dem Kissen der Liege im Garten leuchteten. Bloß kein Besuch, Kaffee kochen, beteuern, daß es mir ja soo gut ginge! Einfach daliegen, ein bißchen träumen, ein interes-

santes Buch lesen, dem Hund Bälle zuwerfen, die Katze beim Fliegenjagen beobachten.
Schließlich hob ich doch ab.
»Haben Sie Lust, mit mir Igel zu füttern?«
Ich mußte lachen.
»Wissen Sie denn überhaupt, was die fressen?«
»Nein, können wir aber vielleicht zusammen herausfinden.«
»Hm!«
»Ich würde mich freuen, wenn ich Sie zu einem kleinen Kaffee einladen könnte. Als kühlem Norddeutschen mit Kontaktschwierigkeiten fällt mir sonst in Ihrer hübschen Kurstadt noch die sprichwörtliche Decke auf den Kopf.«
Die Stimme klang angenehm und Vertrauen erweckend, besonders, wenn sie lachte. Ein netter Mensch! Was ihn mir besonders sympathisch machte, war zum einen die Tatsache, daß er nichts von meiner Krankheit wußte, zum anderen der unkonventionelle Stil seiner Einladung. Ich überlegte kurz. Der Mann in Grau entsprach in keiner Weise meinen Vorstellungen von einem gefährlichen Casanova. Daß er einen Psychiater aufgesucht hatte, ließ darauf schließen, daß er ebenso wie ich Probleme hatte. Wir waren also in gewisser Weise Verbündete. Wie ein entlassener Triebtäter hatte er auch nicht gerade ausgesehen. Ich sagte zu.
Da wir uns für drei Uhr verabredeten, blieb mir noch genügend Zeit für das geplante Sonnenbad. Ich versündigte mich damit zwar gegen den Ratschlag meiner Ärzte, mich nicht in die Sonne zu legen, aber in diesem Sommer entdeckte ich an mir ohnedies eine bedenkliche Affinität zur Sünde, die mir bis dahin völlig unbekannt gewesen war. Da ich gelernt hatte, daß die meisten Heilmethoden der Medizinmänner des Abendlandes sich im Laufe der Jahrhunderte immer wieder selbst überlebten, gab ich den blinden Glauben an die Wirksamkeit des medizinisch-naturwissenschaftlichen Fortschritts zugunsten eines mehr eigenverantwortlich orientierten Patientenverhaltens langsam auf. Ich dachte an all die armen Kranken, die noch im vergangenen Jahrhundert ohne einen frischen Luftzug in verdunkelten, miefigen Zimmern dahinvegetieren mußten. Wieviel wissender waren gerade in der Behandlung von Kranken die von uns für primitiv erklärten Naturvölker. So setzten die Indianer beispielsweise ihre Patienten an einen Baum, der sie

mit neuer, heilender Energie auflud. Eine belächelte Methode, die man erst jetzt wieder beginnt ernst zu nehmen, da wir mittlerweile »wissenschaftlich« festgestellt haben, daß Pflanzen von starken Energiefeldern umgeben sind.
Das Problem ist bloß, wo finden wir heute einen gesunden Baum, der noch so kraftvoll ist, daß er uns genug von seinem Energiefeld abgeben kann?
Pünktlich um drei stand ich vor dem verabredeten Café. Die kleinen weißen Tische waren bis auf einen besetzt. Schüler schlürften genüßlich ihr Eis, Hausfrauen, vom Einkauf erschöpft und erhitzt, tranken Kaffee und entspannten sich unter bunten Sonnenschirmen. Eine alte Dame fütterte Tauben und Spatzen mit Kuchenkrümeln. Ich tauchte hinein in diese Atmosphäre, und all der Schrecken dieses Jahres war mir nicht anzusehen, fiel ab von mir in dem Maße, wie ich mich einpaßte in dieses süßlich-kitschige Idyll.
»Ich hab's herausgefunden. Igel ernähren sich am liebsten von Eiscreme.«
Er steht neben mir und strahlt. Das müde Lächeln, das ich in Erinnerung hatte, ist verschwunden.
»Wie hab' ich das gemacht? Seit heute morgen den schönsten Tisch hier freigehalten?«
Ich lobe ihn amüsiert, und wir nehmen Platz.
Von Anfang an ist da etwas von Zutrauen und Zuneigung, von geheimem Einverständnis und Wärme.
So erfahre ich schnell, warum er in unserer Stadt ist. Der Eiscafé bleibt stehen, langsam schmilzt das Vanilleeis, und eine milchig braun-trübe Soße zerfließt im Glas.
Er hat Probleme, schon seit längerer Zeit (später weiß ich, daß die »längere Zeit« sein 37jähriges Leben umspannt). Zusammen mit seiner Frau hat er sich eine Existenz in C. aufgebaut. Seine Frau besitzt dort eine Apotheke, die sie selbst führt. (Und er? Was macht er? Noch keine Ahnung! Werde ich aber auch bald erfahren!)
Einen kleinen Sohn haben die beiden, der hält die Ehe noch zusammen, wo schon lange nichts mehr zu kitten ist.
»Haben Sie mal ein Bild da?«
Hat er natürlich, und bereitwillig zieht er seine Brieftasche heraus und hält mir stolz das Konterfei eines kleinen süßen Buben mit Meckischnitt unter die Nase. Ich habe zu Hause noch den

lustigen Igel von Steiff in meiner Stofftiersammlung, »Mecki« steht auf dem gelben Stoffetzen mit dem runden Metallknopf. Mir blutet das Herz. Wie gerne hätte ich ein solches Kind.

Eigentlich wollten sie ja gar kein Kind. Dann wäre auch vieles einfacher heute. Besonders er hatte panische Angst, daß er seine Hautkrankheit (daher das Jucken also) vererben könnte. Nun ist er aber doch riesig froh, daß der Kleine da ist, zumal er die Haut eines frischpolierten Pfirsichs hat.

Ich weiß nicht, wie ich mich verhalten soll. Die Hautkrankheit, die er unmißverständlich betont, ignorieren oder teilnahmsvoll mitfühlend danach fragen?

Ich bin ein wenig vorsichtig geworden und auch verunsichert, weil mir selbst dieses Jahr schon so mancher Frager ungewollt zum Peiniger wurde. Doch entschließe ich mich schließlich zu einer schüchternen Frage.

Chronische Dermatitis, Hautallergie, schon von Kind an. War besonders in der Pubertät, wo jeder Pickel ja schon beinahe zum Fiasko wird, ein großes Problem. Häufig von Selbstmordgedanken gequält.

Erleichtert atmet er auf. Wie oft muß er das in seinem Leben wohl schon vorgetragen haben?

Und wie um meine Belastbarkeit zu testen und zu sehen, ob ich voll Ekel nach fünf Minuten zahle und gehe, fügt er hinzu: »Manchmal ist es nachts so schlimm, daß ich mit Handschuhen schlafen muß, um mich nicht völlig zu zerkratzen.«

Ich fühle mich in seiner Nähe eigenartig geborgen. Noch gebe ich aber nichts von mir, ich schließe bei mir zu und genieße den Ausflug in sein Leben.

Er ist hier, weil ein Kollege ihm Dr. L. empfohlen hat. Er macht Urlaub für drei Wochen, um sich selbst zu finden. In C. kann er keine psychotherapeutische Behandlung durchführen lassen. Das Nest ist zu klein, und es würde sich doch herumsprechen, daß er einen »Webfehler« kurieren möchte, dazu ist er dort zu bekannt, das wäre ihm peinlich. Außerdem ist ein völliges Abstandgewinnen besser. Einmal herauskommen aus der gewohnten Umgebung!

Klug, wie ich als Lehrerin nun einmal sein muß, unterstütze ich ihn in seinem Vorhaben: »Die meisten Krankheiten haben ja wohl auch eine seelische Komponente. Sicherlich wird Ihnen

die Behandlung guttun. Kann man denn medikamentös nichts gegen diese dumme Hautgeschichte machen?«
Er schüttelt den Kopf und lächelt: »Ich habe wirklich schon alles probiert. Ich bin nämlich Arzt. Hautarzt.«
Ich starre ihn an. Hätte er mir das vorgestern gesagt, wäre es zu diesem Treffen mit Sicherheit nicht gekommen. Ich bin nämlich langsam allergisch gegen Ärzte.
Tief Luft holen und etwas von der braunen Soße nippen.
»Sind Sie berufstätig?« fragt er nun.
Ich nicke. »Lehrerin.«
»Es sind aber doch keine Ferien, und Sie waren heute morgen zu Hause?« forscht er inquisitorisch weiter. »Sind Sie krankgeschrieben?«
»Krebs!« sage ich bockig und verschlossen. Mir graut vor weiteren Fragen, und kurz und präzise leiere ich meinen Krankenbericht in Stichworten herunter. Mit einem wohltuenden Maß an Mitleid und Abstand hört er mir zu.
So, das wäre geklärt. Nun können wir zum angenehmen Teil des Nachmittags übergehen. Wir zahlen und gehen.
Auf dem Weg zum Parkplatz, wo mein Auto stand, erholten wir uns von unseren Lebensbeichten, und eine ausgelassene, ja beinahe kindische Fröhlichkeit erfüllte uns. Überrascht und erfreut stellten wir fest, daß wir viele Hobbies miteinander teilten. Wir interessierten uns für die französischen Im- und Expressionisten, gingen gerne ins Theater, lasen ähnliche Bücher, begeisterten uns für Sprachen. Ein wenig schüchtern gestand er mir, daß er eine kleine Abhandlung für ein medizinisches Fachblatt in englischer Sprache geschrieben hatte, die erst kürzlich veröffentlicht worden war. Ich lobte ihn gebührend, und der ernstgemeinte Ton meiner Bewunderung tat ihm sichtlich gut. Als wir uns verabschiedeten, waren wir uns beide darüber einig, daß wir uns noch viel zu sagen hätten.
Zu Hause angekommen, war ich in bester Stimmung, seit ewig langer Zeit einmal ausgelassen und gelöst. Mit Freude und lange vermißtem Elan machte ich mich an die Zubereitung des Abendessens. Nachdem Rinderbraten und Kartoffeln längst erkaltet und das Gemüse mit erstarrten Fettaugen garniert war, kam mein Mann endlich erschöpft und müde von seinem anstrengenden Bürotag nach Hause. Ich beschloß, von meinem amüsanten Nachmittag nichts zu erzählen, und begann,

mich mit den vielbewitzelten grünen Witwen zu identifizieren.

Am nächsten Morgen klingelte das Telefon kurz nach dem Frühstück, und mit Herzklopfen hob ich ab. Als ich seine tiefe und doch ein wenig jungenhafte Stimme hörte, gluckste ich ein fröhliches »Guten Morgen« in die Sprechmuschel. Er sagte mir, wie sehr ihm der gestrige Nachmittag gutgetan habe, und fragte mich, ob ich es für sehr aufdringlich hielte, wenn er mich bäte, mit ihm gemeinsam auf Maikäfersuche zu gehen. Ich sagte zu, unter der Bedingung, daß er sich etwas Fröhliches anzöge, mir sei danach. Er lachte, und wir verabredeten uns zur selben Zeit und am gleichen Ort wie am Tage zuvor.

Ich war pünktlich zur Stelle. Pünktlichkeit war mir schon immer ein inneres Bedürfnis, oder zumindest wurde sie mir als Kind eines preußisch-genauen Beamten mit der »Vatermilch« verabreicht. Mit einer einkalkulierten Verspätung wartende Männerherzen höher schlagen zu lassen, war mir nie in den Sinn gekommen. Ebenso erwartete ich aber auch von anderen unbedingtes Einhalten dieses Prinzips, und nach fünfminütiger Wartezeit wollte ich schon empört und beleidigt von dannen ziehen, als ein tütenschwingender Mensch fröhlich grinsend um die Ecke gerannt kam.

»Ich bitte tausendmal um Entschuldigung, aber ich mußte mir erst etwas Fröhliches kaufen, deshalb die Verspätung. Ich hab's gleich angelassen. Gefällt es Ihnen?«

Und er hielt mir eine Plastiktüte geöffnet unter die Nase, in der ein graues Hemd und eine Hose von undefinierbarem Braunbeige vergrämt und mißmutig beieinanderlagen. Es paßte ihnen offensichtlich nicht, daß sie ihrer Bestimmung so rasch enthoben worden waren und einer hellblauen Jeans und einem gleichfarbigen T-Shirt mit rotem Emblem auf der Brust das Feld räumen mußten.

»Sehr!« sagte ich voller Anerkennung und mit tiefster Überzeugung, worauf er mir einen kleinen Schokoladenmaikäfer mit rosa Schleife überreichte.

In der Zwischenzeit war der letzte Tisch unseres kleinen Straßencafés besetzt, und wir mußten uns auf die Suche nach einem anderen lauschigen Plätzchen machen. Wir taten es lachend, dummes und weniger dummes Zeug redend, rempelten uns scheinbar versehentlich, und ich bin nicht ganz sicher, ob wir nicht auch von Zeit zu Zeit dabei etwas hüpften. Ich wohne in einer Stadt, in der an herrlichen Frühlingstagen die Straßen von den aus dem Winterschlaf erwachten Cafés gesäumt sind, und ich kann beim besten Willen nicht sagen, wieso wir uns auf einmal in einer wenig befahrenen Seitenstraße befanden und, uns verwundert umblickend, bemerkten, wie wir den Großstadttrubel mit all den geschäftigen Menschen hinter uns gelassen hatten und vor dem altehrwürdigen Portal eines ehemaligen Mädchengymnasiums standen, dem auch ein lieblos angefügter Neubau nichts von seiner Würde nehmen konnte.

Wir schauten uns verschwörerisch an und schlichen uns alsbald, die Luft anhaltend, in den angrenzenden Schulhof. Wortlos entschieden wir uns für eine ein wenig abseits gelegene Bank, störten uns weder an der Tatsache, daß ein hoffnungsfrohes Kerlchen in meist nur der Jugend eigenem Übermut die Lehne abgesägt hatte, noch an den philosophischen Botschaften lebenslustiger Schüler, von denen die Wände reiche Kunde gaben. No Bock, Null Future und freier Stoff für alle, Scheißbullen und Schwarzfahren ist billiger konnten uns auf unserem beginnenden Ego-Trip einfach nicht anmachen. Dann schon eher die duftende Linde über uns ...

Wir waren auf einem Schulhof gelandet und benahmen uns dementsprechend wie verliebte Pennäler: Händchenhalten, schüchterne Küsse austauschen, viel Albernes von uns geben und lachen, bis uns die Seiten wehtaten. Sehr viel später nannte er das mit der ironisch-melancholisch gefärbten Distanz des Abschiednehmenmüssens unser »Schulbanksyndrom«.

Es bezog sich wohl nicht nur vordergründig auf diese konkrete Bank, sondern konnte weiter gefaßt werden. So war die Zeit unserer kurzen Freundschaft, unseres Losgelöstseins von Familie und bürgerlichem Moralkodex nur mit den unvergeßlichen ersten ohne Eltern verbrachten Ferien pubertierender Schüler zu vergleichen. Wir saßen so lange, bis sich der Himmel über uns bewölkte und dicke, schwere Gewitterregentropfen uns langsam durchnäßten.

Den Kaffee trank ich dann zu Hause – zum Aufwärmen.

Wir beschlossen, die psychotherapeutischen Sitzungen bei Dr. L. zu stornieren und uns eine wirksame Zweiergruppentherapie zu verordnen.

In sein Hotel konnten wir nicht gehen, das war unmöglich, denn es war ein kleines und sehr seriös geführtes Familienunternehmen für gehobene Ansprüche. Die begannen wir zwar zu entwickeln, aber unsere Schamhaftigkeit ließ uns nach anderen Örtlichkeiten suchen.
Nachdem wir am dritten Tag vergnügt ins Blaue gefahren waren, fanden wir schließlich eine trutzige Burg. Ich weiß nicht mehr, wie sie hieß, aber für historisch Interessierte ist ein Abstecher auch wohl wenig lohnenswert. Nur der Name der Burgschänke und des angeschlossenen kleinen Hotels ist mir in Erinnerung geblieben, es hieß »Die Waffenschmiede«.
Der Wirt war ein mürrischer und verschlossener Mensch. Wir kamen am späten Morgen an, und der Schankraum war menschenleer. Ich schämte mich schrecklich, so ohne Koffer und sonstiges Gepäck, im dünnen Sommerkleid mit kleiner Handtasche ein Zimmer zu verlangen. (Wo war die Zahnbürste?) Ich überspielte meine Verlegenheit mit dem scheinbar sorglosen Studium einer Ahnentafel.
Zur Mittagessenszeit setzten wir uns auf die Sonnenterrasse, weil wir hungrig geworden waren. Es waren nur wenige Gäste dort: ein junger Mann mit Rucksack und Wanderstiefeln, der selbstvergessen eine Wanderkarte studierte, ein altes Ehepaar, das sich wortlos gegenübersaß, und zwei Frauen mittleren Alters. Das etwa fünfjährige mongoloide Söhnchen des Wirts ging laut brabbelnd von Tisch zu Tisch. Schließlich landete es bei uns.
»Ooonkel, Taaaante? Was macht ihr denn da?«
Wir stocherten lustlos in dem mittlerweile aufgetischten Essen herum.
»Wir möchten gerne essen und uns ein wenig unterhalten. Bist du so lieb und gehst jetzt spielen?«
Das Kind setzt sich zu uns, froh, mit jemandem zu sprechen.
»Warum denn? Was macht ihr denn hier? Was macht . . .?«
Der Wirt erscheint und schleppt unter lautem Protest sein Söhnchen ab: »Laß die Tante und den Onkel jetzt in Ruhe essen!«
Die übrigen Gäste drehen sich wortlos nach uns um und wenden sich dann wieder ab.
Das Essen ist miserabel. Ich habe ein schlechtes Gewissen.
Pünktlich um fünf Uhr bin ich zu Hause.

In den nächsten 14 Tagen kamen wir uns immer näher. Er erzählte mir von seiner dominierenden Frau und wie er ihre täglichen Gesangproben haßte. Sie war Mitglied in einem Bach-Chor und war so besessen von ihrem Hobby, daß sie auch nach Feierabend einfach so zu Hause sang. In meinen Vorstellungen malte ich sie mir als Walküre in einem Wagner-Chor aus und tat ihr gewiß damit bitter Unrecht. Wir neigten beide dazu, unsere häusliche Situation überspitzt darzustellen, und genossen lustvoll das Mitleid des anderen. Daß seine Frau ihn dazu zwang, nur in dunklen Räumen mit ihr zu schlafen, war vielleicht ebenso eine Lüge wie meine Behauptung, mein Mann habe keine Zeit für mich.

Die Krebskranke, in dem Sinne, wie ich mich selbst erlebt hatte, gab es nicht mehr, schon gar nicht die Frau, die man bedauern mußte, weil sie bar jedes geschlechtlichen Reizes war.

Wo immer mir nun Bedauern und Mitleid bekundet wurden, lächelte ich verschmitzt in mich hinein mit einem Wenn-ihr-nur-wüßtet-Lächeln, das ich aber möglichst zu verbergen versuchte. Wenn ich ehrlich bin, so genoß ich diesen Aspekt der Heimlichkeit. Ich erlebte etwas, was mir ein neues Selbstvertrauen schenkte.

Ich befand mich in einem Zustand der Zärtlichkeit, der völligen Hingabe, aber auch der Trauer und des schlechten Gewissens. Meine Verkrampfung und die quälenden Ängste begannen sich ein wenig zu lösen.

Mein Mann, der diese Veränderung an mir sehr wohl merkte, war froh darüber, obwohl er die eigentliche Ursache nicht kannte. Er freute sich, wie erstaunlich gut ich über meine Ängste hinwegkam.

Wahrscheinlich ahnte er zu dieser Zeit schon, daß meine glühenden Wangen nicht nur von ausgedehnten Sonnenbädern herrührten, denn manchmal sah er mich verwundert und lange an, und ich spürte seinen prüfenden Blick. Aber da er meinen zuvor desolaten Zustand kannte und ihm hilflos ausgeliefert gewesen war, drang er nicht weiter in mich und ließ mich großzügig darin gewähren, was auch immer meine neue Therapie sein mochte.

Was mir in meinem heimlichen Verhältnis besonders guttat, war die Tatsache, daß ich in meinem Geliebten einen Menschen fand, der mich ebenso brauchte wie ich ihn. Beide hatten wir

Probleme, befanden uns in einer Lebenskrise, und diese Gemeinsamkeit brachte uns einander näher. Losgelöst von fast allem, was uns äußerlich band, waren wir auf uns selbst losgelassen, und in der hingebungsvollen Erforschung des Du fanden wir auf wundersame Weise zum Ich. Natürlich nicht auf alle Zeiten, denn der Alltag hat uns längst wieder, aber doch für einen kurzen Augenblick der Ewigkeit, und das ist mehr, als man vielleicht erwarten darf.
Was wir einmal erlebt haben, geht ja niemals verloren, auch wenn wir so oft versuchen, es zuzuschütten. Die Bilder verschmelzen mit unserem Selbst, und unerwartet werden wir von ihnen überrascht, wenn sich die Schatztruhe unserer Erfahrungen öffnet.
Ich hatte geglaubt, durch die Operationen meine Weiblichkeit vollständig eingebüßt zu haben, gleichsam von nun ab als Neutrum umherzuwandeln, und wußte nicht, daß Brust, Eierstöcke und Gebärmutter ja nur Träger des Prinzips des Weiblichen sind. So sehr war ich dem Kult des Materialismus unseres Zeitalters erlegen, daß ich tatsächlich annahm, ein paar Gewebsfetzen, Drüsen, Muskelfleisch und Fett könnten darüber bestimmen, ob ich nun Frau sei oder nicht. Heute weiß ich es besser, und das erfüllt mich mit großer Dankbarkeit.

Nachdem wir uns zwei Wochen kannten, mußte ich erneut ins Krankenhaus. Die chemotherapeutische Behandlung, vor der ich mehr Angst als vor allem zuvor hatte, begann.
An einem herrlich heißen Junitag marschierte ich brav ins Antonius-Hospital. Den Check-in an der Rezeption meisterte ich bravourös, langsam hatte ich ja schon Routine.
Das Zimmer, auf das ich gelegt werden sollte, wurde gerade geräumt, wie mir die freundliche Nonne auf dem Flur sagte. Ich hatte Zeit, mich ein wenig umzuschauen. Einige Zimmertüren standen offen, obwohl das gegen die Hausordnung verstößt. Aber es war gerade auf der Südseite bereits am frühen Vormittag unerträglich heiß, und so wurde schon mal ein Auge zugedrückt. Krebspatienten genießen manchmal Privilegien, man weiß ja nie, wie lange man ihnen noch Gutes tun kann.
Die Frauen, die ich in ihren Betten, unbeweglich an einem Tropf hängend, liegen sah, wirkten apathisch und müde. Die meisten von ihnen trugen Kopftücher, um ihre Glatzen zu ver-

decken. Das war wesentlich angenehmer als Perücken bei der sommerlichen Hitze. Wieder einmal kam mir die Multiplikation des Leids in den Sinn, und ich hoffte inbrünstig, daß so nicht meine Endstation sein möge. Ich dachte an die Wochenendmagazinbeilage einer Zeitung, in der Prominente allwöchentlich Seelenstriptease in Stichworten machen. Eine Frage dort lautet: »Wie möchten Sie sterben?« Die meisten sagen darauf: »Möglichst schnell!«
Man hat mich noch nicht gefragt, aber die Antwort habe ich seit diesem Morgen parat: »Bewußt und unter einem Baum!«
Hoffentlich ist da jemand, der mich, wann auch immer der Zeitpunkt gekommen sein wird, unter eine der Tannen hinter unserem Haus tragen wird. Wer mich in einem Krankenhaus sterben läßt, weiß nichts von mir.
Schließlich konnte ich mein Zimmer beziehen. Ich war wohl die jüngste Patientin auf der Station, und man hatte Mitleid mit mir, deshalb durfte ich allein dort liegen. Nach der üblichen Prozedur des Blutabnehmens, das sich bei mir immer problematischer gestaltete, da nur meine bereits verhärtete linke Armvene zur Verfügung stand, zog ich mich aus und legte mich aufs Bett.
So hatte ich wohl zwei Stunden gewartet, als schließlich die Stationsärztin hereinkam. Sie war in meinem Alter, und ich merkte ihr an, daß sie lieber nicht zu mir gekommen wäre. Sie war eigentlich eine hübsche Frau, aber der tägliche Umgang mit dem Leid hatte ihre Gesichtszüge vorzeitig verhärten lassen. Vielleicht war das, was sie sich vorgenommen hatte, mehr, als sie verkraften konnte.
Sofort identifizierte sie sich mit mir und sagte: »Ich bin nur zwei Jahre älter als Sie.«
Und während sie die Spritzen aufzog, fragte sie unvermittelt: »Wie hat Ihr Mann das aufgenommen? Ich glaube, ich wäre damit ganz alleine. Jeder ist, wenn es darauf ankommt, mit sich alleine.«
Sie erzählte mir von ihrem Mann, der ihr im Haushalt nicht half, von der kleinen Tochter, die sie kaum sah, von der anstrengenden Arbeit im Krankenhaus, die ihr jede Initiative nahm. Früher, als Studentin, da habe sie gerade im Sommer viel Zeit in Straßencafés verbracht und den Trubel und das Leben genossen, doch dazu komme sie nun nicht mehr. Noch einmal würde

sie gewiß nicht heiraten. Aber so ganz alleine mit einem kleinen Kind wolle sie auch nicht leben. Wie problematisch das sei, sehe sie an ihrer geschiedenen Freundin.
Als sie mich an den Tropf angeschlossen hatte, verließ sie traurig mein Zimmer.

Wenn ein Mensch voller Zutrauen zu den Medikamenten ist, die ihm verabreicht werden, wartet er im Normalfall auf die lindernde Wirkung, und allein schon seine erwartungsvolle Haltung stimmt ihn positiv und hilft ihm meist tatsächlich. Völlig anders verhält es sich bei der chemotherapeutischen Krebsbehandlung. Der Patient wurde über die verheerenden Nebenwirkungen informiert; er fühlt sich subjektiv gesund, wenn er die Behandlung beginnt, und sterbenskrank, wenn sie beendet wird. Sinn dieser Therapie ist das Abtöten aller schnellwachsenden Zellen, also insbesondere der Krebszellen. Was dabei mit in Kauf genommen werden muß, ist das Absterben auch gesunder Zellen. So sinken während und nach dieser Behandlung die weißen Blutkörperchen bis auf ein Minimum, selbst harmlose Infektionskrankheiten können dadurch zur tödlichen Gefahr werden. Die Haare fallen aus, Magen- und Darmschleimhäute werden zerstört, so daß man unter ständiger Übelkeit leidet, die Augen brennen, die Haut äußert Mißempfindungen, und langsam werden die natürlichen Abwehrreserven zerstört. Der psychische und physische Kräfteschwund macht sich überall bemerkbar.
Krebspatienten klammern sich an jeden Strohhalm, und ich bewundere diejenigen, die eine solche Behandlung kategorisch ablehnen. Ich hatte damals diesen Mut und die Kraft dazu nicht. Noch war mein Glaube an die sogenannten naturwissenschaftlichen Fortschritte so groß, daß ich annahm, meine Überlebenschancen würden durch ein solches Martyrium ernsthaft steigen. Niemals mehr würde ich es auf mich nehmen, denn die Chemotherapie, zumindest bei Brustkrebspatientinnen, ist eine menschenunwürdige Behandlung. Erfolgreiche Laborversuche mit Ratten sind wohl keine Legitimation für die Anwendung der gleichen Behandlung bei Menschen. Ich habe Frauen erlebt, die sich schon beim Anblick der übelkeiterregenden Spritze erbrechen mußten. Während ich dies hier schreibe, erlebe ich alles noch einmal intensiv

nach und gebe mir Mühe, mich nicht ebenfalls zu übergeben. Das Gefühl des Vergiftetwerdens sitzt noch zu tief und läßt sich nicht verdrängen. Ich möchte die weit verbreitete Krebshysterie nicht weiter schüren und auch keinem Arzt ins Handwerk pfuschen. (Es gibt auch übrigens viele Ärzte, die erst einmal zur Mäßigung in der Behandlung raten.) Selbstverständlich hat diese Behandlung auch schon Erfolge erzielt, allerdings weniger bei feststehenden Tumoren als vielmehr bei Leukämie und krebsähnlicher Erkrankung des Lymphsystems. Auch ist die Verträglichkeit individuell sehr verschieden, und nicht bei jeder Krebserkrankung werden die gleichen Präparate verwendet. Ich möchte nur ein wenig dazu beitragen, den blinden Glauben an den Fortschritt um jeden Preis in Frage zu stellen, und den von den Ärzten so oft postulierten mündigen Patienten zu kritischer Hinterfragung ermutigen. So sicher wie die Tatsache, daß jede Erkrankung andere Ursachen hat, ist wohl auch, daß Heilungen oder Mißerfolge mit naturwissenschaftlichen Normen allein nicht zu erklären sind.

Eine Woche lag ich wie ein verängstigtes Kaninchen in meinem Krankenhausbett. Morgens war ich an den Tropf angeschlossen, der Nachmittag stand zu meiner »freien Verfügung«. Was aber macht man mit soviel Zeit, wenn man zu schwach zum Spazierengehen ist? Man macht das, was man wahrscheinlich viel öfter tun sollte, wovor man sich aber immer wieder gerne drücken möchte: Man gerät ins Grübeln. Wenn man Glück hat, kommt man dabei zu erstaunlichen Ergebnissen und freut sich über die Fülle der Gedanken, die sich ohne Ablenkung in einem weißen Krankenhauszimmer einschleichen und von einem Besitz ergreifen. Das, was viele in der Hektik des Berufslebens und in der Sorge um die Familie so gerne ganz weit von sich wegschieben, die Beschäftigung mit der eigenen Identität und die Frage nach dem Sinn unseres Lebens überhaupt, wird zum zentralen Problem. Darin liegt eigentlich erst die legitime Aufgabe einer schweren Krankheit.
Ich weiß nicht, ob ich schon damals diese eine Woche im Krankenhaus als den Höhepunkt meiner Krise empfand und deshalb, weil ich ungestört sein wollte, mir jeden Besuch verbat. Ich kann dieses Verhalten nicht rational erklären, und doch weiß ich, daß es richtig für mich war.

Ich sah all das Leid um mich herum und fing an, darüber Tagebuch zu führen, seelischen Ballast abzuwerfen, um gestärkter aus dieser scheinbaren Hoffnungslosigkeit hervorzugehen.
Abends besuchte mich mein Mann, müde, aber auch glücklich über seinen beruflichen Aufstieg und sein neues Aufgabenfeld. Ich fühlte mich ihm niemals zuvor so fern. Spät in der Nacht rief mich mein Liebhaber an und nahm sich endlos Zeit für meine Fragen und Selbstzweifel. Er war in unserer Stadt geblieben und gab mir mit seiner Geduld unendlich viel Zuwendung. Mich im Krankenhaus zu besuchen wagte er nicht, denn ständig konnte ja ein unangemeldeter Besucher auftauchen und uns in peinliche Verlegenheit stürzen.
Die Tatsache, daß ich in der größten Krise meines Lebens nicht nur als Frau eine wundersame Bestätigung fand, der ich ja so sehr bedurfte, sondern auch einen geheimen Verbündeten in meiner Not, erscheint mir heute als beinahe ungeheuerlich, und ich bin dafür sehr dankbar. Ich erinnere mich daran, daß ich regelmäßig nachts aufwachte und von meinem Zimmerfenster im 7. Stock auf das Panorama unserer hellerleuchteten Stadt sah. Trotz aller Übelkeit und der mit Schleim vermischten Gallenflüssigkeit, die ich erbrach, weinte ich dann fast lustvolle Tränen.
So lange hatte ich mich beherrscht und meine Trauer zurückgehalten, daß ich mich nun der Wehmut mit Freuden hingab. Oft verbiß ich mich dabei in das Kopfkissen, weil die dünnen Wände mein Schluchzen nicht weitergeben sollten, und befreit und gestärkt schlief ich gegen Morgen ein. Diese Nächte in meinem einsamen Krankenzimmer erscheinen mir wie ein kostbarer Besitz.
Dadurch, daß ich einen so fürsorglichen Zuhörer fand und jede Nacht meine Ängste ungestört hinausweinen konnte, war ich viel freier und sensibler für die Probleme meiner Mitmenschen geworden, und so kam es dazu, daß nicht ich mein Leid den Schwestern klagte, sondern oft sie mir das ihrige. Auf ihrem abendlichen Rundgang hielt sich die Nachtschwester besonders gerne und lange bei mir auf, und sie war froh, jemanden gefunden zu haben, dem sie etwas aus ihrem Leben erzählen konnte.
So erfuhr ich, daß sie fünf Kinder großgezogen hatte, nachdem ihr Mann auf und davon geflogen war, daß sie den ganzen Un-

terhalt für sich und ihre Kinder als Nachtschwester verdienen mußte, weil sie nicht wußte, wohin mit den Kleinen über Tag, und außerdem war sie finanziell von dem nicht gerade bedeutenden Nachtzuschlag abhängig. Nun hatte ein Sohn Selbstmord begangen aus Liebeskummer, und nur noch der Jüngste lebte bei ihr. Sie sah müde und erschöpft aus. Woher nahm sie die Kraft, todsterbenskranken Menschen in ihren letzten Tagen zu helfen? Wer behauptet eigentlich, es gebe heute keine Helden mehr?

Nachdem diese Woche vergangen war, in der ein Tag dem anderen glich, sich grausam zur Ewigkeit weitete und von permanenter Übelkeit und ständigem Erbrechen erfüllt war, durfte ich endlich wieder nach Hause.

Noch waren mir keine Haare ausgefallen, und ich hoffte mit aller Macht, daß es auch nicht mehr geschehen werde, denn man hatte mir zum Trost gesagt, daß in einigen seltenen Fällen das Kopfhaar erhalten bleibe. Aber nach der ersten Nacht, die ich endlich wieder in meiner gewohnten Umgebung verbrachte, fand ich morgens auf meinem Kopfkissen ein feines Netzwerk blonder Haare. Als ich mir entsetzt an den Kopf griff, hielt ich ein ganzes Büschel in der Hand.

Noch am selben Tag ging ich zu meinem staunenden Friseur und bat ihn, mir die Haare ganz kurz zu schneiden. Als kleiner, gedemütigter, immer noch mit Übelkeit und Gliederschmerzen kämpfender Mecki verließ ich den Salon.

An dem Nachmittag dieses Tages sah ich meinen Geliebten zum letzten Mal. Sein dreiwöchiger Aufenthalt in unserer Stadt war beendet. Er war gewiß anders verlaufen, als er sich das vorgestellt und geplant hatte. Um die Vergänglichkeit des Glücks wissend, waren wir eingetaucht in den Strudel unserer Empfindungen und unserer von Tod und Abschied bedrohten Fröhlichkeit.

Losgelöst von Zeit und Raum hatten wir zueinander und auf diese Weise zu uns selbst gefunden. Das war in der Tat mehr, als uns so mancher Psychiater bieten konnte. Unsere Erfahrungen waren sozusagen empirisch belegbar und gerade deshalb unsere ureigensten.

Ich möchte gerne anderen, am Leben Verzweifelten Mut machen, ihnen sagen, daß es auch in den scheinbar hoffnungslosesten Situationen Auswege gibt, die uns befreien und zu unserer inneren Reifung beitragen. Da aber nun jeder sein Schicksal auf eine ihm ganz eigene Weise bewältigen muß, sind die Mittel und Wege dazu ebenfalls unzählbar und einzigartig, ein Rezept ›Wie überwinde ich meine Krise‹ kann es nicht geben.

Für mich war die kurze Romanze mit einem Mann, der, da er selbst in einer Krise steckte, mein Innerstes besser durchleuchten konnte als alle anderen Menschen, die mich umgaben, zum damaligen Zeitpunkt das größte Wunder meines Lebens. Nicht das sexuelle Abenteuer, nicht der Triumph einer leidenschaftlichen Eroberung setzten mich frei für so viele neue und fruchtbare Gedanken, sondern das Empfinden einer neuen Weiblichkeit. Ich hatte gelernt, daß die äußeren Wertmaßstäbe einer oberflächlichen Schönheit nichts gegen den ästhetischen Wert unseres Seelenlebens auszurichten vermögen. Ich war in dem Glauben erzogen worden, daß eine Frau sich niemals etwas vergeben sollte, sich ständig etwas einfallen lassen sollte, um sich interessant zu machen. Alle Fäden müßten in der Hand gehalten und von dem hohen Plateau moralischen Biedermanntums aus sollte in der zwischengeschlechtlichen Beziehung die Vernunft nie ganz ausgeschaltet werden.

All dies hatte ich endgültig über Bord geworfen und war dadurch erlöst und befreit. Ich hatte einen Mann gefunden, der mich verstand, zu einer Zeit, in der ich meinen letzten Widerstand aufgab und mich zur Blöße bekennen mußte. Und so, wie alles, was unserem menschlichen Verstand zugeordnet ist, erst durch Gegensätze erkennbar und erfahrbar wird, so habe ich durch das ehrliche Offenbaren meiner selbst zu einem neuen Selbstverständnis gefunden.

Ich weiß nicht, ob es wirklich ein ständig strahlender Sommer war oder ob in meiner Erinnerung alles so sonnenverklärt erscheint. Unser Abschied vollzog sich auf jeden Fall an dem schönsten azurblauen Ferienstimmungstag, der je einem Postkartenmaler als Modell gedient haben mag.

Er wartete schon auf mich unter der roten Markise des kleinen italienischen Lokals unweit unseres altehrwürdigen Schulportals. Noch sah er nach Ferien aus. Er rauchte sogar eine kleine Zigarre, was ihm zu Hause strengstens untersagt war, da es seinem allergiengeplagten Körper, der auch unter gelegentlichen

Asthmaanfällen litt, nicht gerade bekömmlich war. Außerdem wurden dadurch die Stimmbänder seiner choralübenden Frau in Mitleidenschaft gezogen.
Er lachte, als er mich sah, und als ich mich an seinen Tisch setzte, zupfte er an meinen kurzen Stoppeln und hielt überrascht ein starres Büschel Haare in die Höhe.
»Scheiße! Aber Glatze steht dir bestimmt. Du siehst damit auf jeden Fall besser aus als ich.«
Er gab mir einen zarten Kuß auf die Wange.
Wir tranken einen Cappuccino, dann gingen wir langsam Arm in Arm die Straße hinab.
Wir hatten Angst vor dem Abschied, trauerten um das Verlorengeglaubte, das doch auf immer seine Spuren in uns hinterlassen hat.
Wir hatten keine Lust zu üblichem Abschiedsgeschwätz: »Fahr vorsichtig – schreib auch mal – bleib tapfer!«
Wir gingen einfach Arm in Arm ziellos die Straße entlang, unsere warmen Körper genießend, dankbar für das uns Widerfahrene.
Wortlos wendeten wir, er brachte mich zu meinem Wagen, öffnete mir die Tür; ich setzte mich. Er beugte sich herab zu mir.
Ein Jumbo flog lautlos über uns in dem strahlendblauen Sommerhimmel, einem unbekannten Ziel entgegen. Er hob den Kopf und sagte:
»Immer wenn ich ein Flugzeug sehe, ergreift mich Sehnsucht. Ich werde traurig und möchte gerne mitfliegen.«
Er beugte sich wieder herab zu mir und küßte mich. Als ich losfuhr, meine Tränen nur mühsam zurückhaltend, sah er mir ohne zu winken nach, bis ich um die Ecke gebogen war.
Wir haben uns beide an unsere Abmachung gehalten und nichts mehr voneinander hören lassen. Von Zeit zu Zeit packt mich ein heftiges Verlangen, ihn anzurufen und ihn zu fragen, wie es ihm geht, aber dann habe ich Angst, er verstehe das falsch. Nun sitzt er wieder hoch oben im Norden und verschreibt seinen Patienten die Salben, die seine Frau verkauft und die ihm selbst nichts nützen, denn die Salbe für die Seele ist nicht von greifbarer Konsistenz.
Manchmal bin ich auch einfach traurig, weil er nicht anruft und mich fragt, ob ich noch lebe.

»Frau Lenker, ich rate Ihnen dringend zu einer Kur. Sie sind körperlich so geschwächt, daß es in Ihrem Zustand einfach unverantwortlich wäre, wenn Sie den Schuldienst wiederaufnähmen.«

Eine Kur war das letzte, was ich mir für mich wünschte. Ich dachte an Kurwitze, Kurschatten, morgens Fango, abends Tango, und alte Leute mit ihren Gebrechen schwirrten mir durch den Kopf. Ich empfand mich einfach als zu jung für eine Kur. Aber meine Blutwerte zeigten so katastrophale Ergebnisse, daß die chemotherapeutische Behandlung abgesetzt werden mußte. (Gott sei Dank!)

Da an eine kontinuierliche Unterrichtsarbeit nicht zu denken war, entschloß ich mich schließlich doch, dem Rat des Arztes zu folgen.

Mir blieb nur die Wahl, mich für ein Krebsrehabilitationszentrum oder einen ganz normalen Sanatoriumsaufenthalt zu entscheiden. Ich wählte letzteres, und an einem freundlichen Septembermorgen bezog ich in Bad Wiessee für vier Wochen Quartier.

Ich erinnere mich überdeutlich an diesen ersten Tag. Es war ein Sonntag, und der übliche Kurbetrieb im Sanatorium ruhte. Ich kann mich nicht erinnern, jemals so einsam gewesen zu sein wie an diesem Sonntag.

Ich hatte nie zuvor Menschen verstanden, die unter Einsamkeit litten. Was war denn schon dabei, einmal ganz alleine zu sein? Sich erholen von der ganzen gewohnten Umwelt, die einen ja doch ständig mit Forderungen konfrontierte, das mußte doch herrlich sein. Einsamkeit war für mich ein Wort ohne Inhalt, es hatte Bedeutung für kontaktarme Menschen, nicht aber für mich, niemals!

Selbst im Krankenhaus war ich nie ganz alleine gewesen, im Gegenteil, Besucherströme und viele freundliche Schwestern gaben mir das Bewußtsein, jemand zu sein, dem man besondere Aufmerksamkeit schenken mußte. Ich bin ziemlich klein, und ich appelliere damit wahrscheinlich an schlummernde Beschützerinstinkte. Das alles half mir aber nun herzlich wenig, denn Bad Wiessee nahm absolut keine Notiz von mir.

Was sollte und konnte ich tun? Es war, wie überhaupt in meiner Erinnerung das ganze Jahr, herrlichstes Wetter, und die Temperaturen lagen bis in den Oktober hinein meist bei über 20 Grad.

Ich nahm dies mit gemischten Gefühlen auf, denn meine Hitzewallungen gediehen unter diesen Umständen besonders prächtig.
Ich hatte kaum noch Haare auf dem Kopf, nur einen zarten, dünnen Flaum, und mein Hinterkopf leuchtete intensiv fleischfarben. Bei diesen hohen Temperaturen, den ständigen Hitzewallungen und der föhnigen Schwüle war es aber unerträglich, eine Perücke zu tragen. Deshalb schlang ich mir die kühlenden Seidentücher, die ich mitgenommen hatte, so dekorativ wie möglich um den Kopf.
Über meine Einsamkeit dumpf brütend, verbrachte ich eine Ewigkeit in meinem Zimmer, ich wußte einfach nicht, was ich tun sollte und konnte. Schließlich überwand ich mich aber dann doch, mich für einen kleinen Erkundungsgang anzukleiden. Das Sanatorium, in dem ich untergekommen war, lag abseits auf einer bewaldeten Halbhöhe. Direkt hinter dem Haus war ein Freigehege für Damwild. Die Fenster meines Zimmers gingen nicht zur Seeseite hin, sondern gaben den Blick frei auf eine steil ansteigende Wiese. Morgens und abends ästen dort die Rehe und warfen mir aus sicherer Distanz neugierige Blicke zu.
Wieder erinnerte ich mich an das Thema meiner ersten Staatsexamensarbeit und an den eigenartigen, nicht erklärbaren Sog der Zauberbergatmosphäre. Hans Castorp hat sieben Jahre gebraucht, um von der Höhe des Berges in die Tiefe zu tauchen; ganz so verzaubert war ich nicht. Ich machte mich schon an dem Tag meiner Ankunft wieder auf den Weg in die niederen Gefilde.
Ich folgte der Beschilderung »Zum Kurzentrum« und landete endlich an der Seepromenade.
Meine Freundin hatte mir einmal gesagt: »Depression ist, wenn die Sonne strahlt, und man sieht nur Regenwolken.« Daran mußte ich denken, und diese kurze Definition umschreibt prägnant die Gefühle eines niedergeschlagenen Menschen, ganz gleich, wo seine Depressionen auch herrühren mögen.
Wieder einmal ein strahlender Spätsommertag mit Gartenstuhlromantik und Schwänefüttern. Blauer Himmel, wolkenlos, die weißen Vögel gravitätisch am Ufer vorbeigleitend und ohne Gier nach den hingeworfenen Brotkrumen pickend.

Weiße Segelboote in fast greifbarer Nähe, müßig auf der spiegelglatten Fläche des Sees dem Sonntag entgegenträumend.
Leise Musik aus einem der zahllosen Promenadencafés: der Donauwalzer. Menschen, im Herbst ihres Lebens, Torte, Musik, Sonne, Panorama genießend. Nur vereinzelte Touristen mit der Kamera vor dem Bauch wollen die Schönheiten dieses Nachmittags einfangen. Die schwitzenden Kellner als unermüdliche Zeugen einer geschäftigeren Welt.
Mir wäre melancholischer Nieselregen lieber gewesen, denn er legitimiert Weltschmerz, gibt eine Begründung, die man nicht in sich selbst suchen muß. Wenn alle Welt unter atmosphärischen Störungen stöhnt, fällt es leichter, das Brüllen der eigenen Seele zu überhören.
Wie ein Besucher aus einer fremden Welt spazierte ich ziellos in dieser Idylle, an der ich keinen Anteil hatte. Schließlich landete ich fernab von der Kurpromenade an einer Bootanlegestelle, vor der etwa 50 Menschen in freudiger Erwartung auf eine Seerundfahrt standen. Ich gesellte mich dazu, da ich wirklich nicht wußte, was ich sonst hätte tun können. Bis zum Abendessen war es noch eine mittlere Ewigkeit. Von dem fröhlichen Geschnatter, das mich umgab, fühlte ich mich ausgeschlossen, und ständig war ich von der Angst geplagt, umfallen zu müssen. Die Menschen um mich herum in ihrer Sonntagsausflüglerstimmung erhöhten mein Gefühl des Alleingelassenseins.
Ich stand einfach da und wartete auf etwas, das mir keine Freude bereiten würde.
Endlich kam das Boot, und ich wurde mit dem Menschenstrom hineingetragen. Plötzlich erinnerte ich mich an einen Schulausflug, der schon lange zurücklag. Ich war noch eine blutjunge Lehrerin und machte einen Ausflug mit Schülern einer neunten Klasse. Darunter war ein Junge, Thomas, der seinen Kameraden weit überlegen war. Er war ein Musterschüler, ohne fleißig zu sein, und litt manchmal unter seiner überdurchschnittlichen Intelligenz, die ständig eine Barriere zwischen ihm und seinen Altersgenossen schaffte. Um dies zu kompensieren und nicht als superschlauer Langeweiler zu gelten, betrieb er alle möglichen Sportarten, war aber auch dabei wieder seinen Kameraden überlegen und forderte ihren Neid heraus. Im Literaturunterricht profitierte ich manchmal von ihm. Er war schon überaus belesen, und ich wunderte mich über seine Fähigkeit,

einmal Gelesenes immer abrufbereit zu halten. Zwischen uns knüpfte sich ein Band des Verständnisses und der Einvernahme, das den anderen Schülern entging und das durchaus selten ein Schüler-Lehrer-Verhältnis bestimmt. Mit dieser Klasse nun fuhr ich an den Laacher See, und kurz vor der Heimfahrt machten wir eine Ruderpartie.
Als Thomas mich ein wenig schüchtern und pickelgesichtig fragte, ob ich mit ihm in einem Boot fahren würde, nickte ich zustimmend. Es war ein heißer Junitag kurz vor den großen Ferien, und von dem kleinen See wehte eine lauwarme, anregende Brise. Als die anderen Schüler sich schon längst lachend in ihren Booten auf dem See verteilt hatten, verlor sich in mir langsam das Gefühl, Lehrerin und Aufsichtsperson zu sein. Ich sah auf Thomas' kräftige Jungenarme, die noch fast unbehaart und nur mit einem ganz zarten blonden Flor umgeben waren. Blaue Venen unter brauner Haut füllten sich mit Blut und schwollen im regelmäßigen Rhythmus der Ruderbewegung wieder ab, untermalten das Spiel der sich streckenden und anspannenden Muskeln dieses Fünfzehnjährigen.
Wir sprachen nichts und glitten dahin auf diesem kleinen See inmitten all der Farbenpracht des Sommers. Amor lauerte vergeblich hinter den Büschen des Ufers und weinte still, als wir an Land kamen. Thomas half mir beim Aussteigen, ich zählte meine Schüler, lief mit ihnen zu dem bereits wartenden Bus, und von dem Ausflug erschöpft, traten wir eine ruhige Heimreise an.
Von diesem Tag an war das Band des Vertrauens gerissen. Ich bemühte mich noch ein Jahr lang, meiner Klasse eine gerechte Lehrerin zu sein. Ich schämte mich ein wenig dieser Bootspartie, und in der ständigen Angst, mir von den anderen Schülern vorwerfen lassen zu müssen, Thomas sei mein Günstling, behandelte ich ihn besonders streng. Er hat mir das nie verziehen und rächte sich durch Arroganz und Bockigkeit.

An diesem Septembersonntag auf dem Tegernsee nun war es mir völlig gleich, wo ich saß, und ohne eigenen Antrieb folgte ich der Masse der Menschen auf das Sonnendeck und ließ mich auf einem der letzten freien Plätze nieder.
Kaum saß ich, tuckerte das Schiffchen langsam los und begann seine Rundfahrt. An jeder Station strömten Menschen hinzu,

und andere, deren Fahrt beendet war, stiegen aus. Bei den Hinzugekommenen drückten die Gesichtszüge erregte Spannung aus, ob denn noch das begehrte Plätzchen an der Sonne frei sei oder ob man sich in den stickigen und überheißen Raum unter Deck begeben müsse. Mir schien es, als seien nur glückliche Großfamilien, lärmende Kegelclubs, ausgelassene Altersheime und unzertrennliche Freunde unterwegs. Ich selbst schrumpfte zum Nichts auf diesem glatt gelackten Bänkchen zusammen, gehörte zu niemandem, und selbst der Kontrolleur übersah mich und wollte anscheinend meine Karte nicht knipsen.
Als ich mich langsam mit meiner Einsamkeit abgefunden hatte, lenkte ich meine Aufmerksamkeit auf zwei ältere Frauen, die mir gegenübersaßen. Die eine war gemütlich dick in bayrischer Tracht, die ihren bedeutenden Umfang noch besonders hervorhob. Eine Bilderbuchbayrin aus dem Komödienstadl. Ihr Dirndl war tief ausgeschnitten, darunter trug sie eine weiße Spitzenbluse, die eine ausreichende Menge ihres überdimensional großen Busens freiließ. Er hob sich daraus wie zwei üppige Pobacken hervor. Auf ihrem Schoß hielt sie einen Korb mit einem in Stanniol eingewickelten Gegenstand, der mich von seiner Form her an einen Kastenkuchen erinnerte. Der Kuchen lag einträchtig bei einem sehr kurz geschnittenen Bündel vollaufgeblühter Gladiolen, die mit einem befeuchteten Haushaltspapier umwickelt waren.
Die rüstige Großmutter besucht das kranke Rotkäppchen!
Neben ihr saß eine Dame, die etwas älter war, beide aber waren wohl um die Sechzig. Mich interessierte zuerst der äußere Gegensatz. Diese andere Frau war äußerst schmal, ja, beinahe asketisch. Sie hatte einen modisch geschnittenen Bubikopf mit silbergrauen Strähnchen, trug ein leichtes dunkelblaues Sommerkostüm und hielt ihr schmales Handtäschchen wie einen Schutzschild krampfhaft auf ihrem Schoß. Die beiden so ungleichen Frauen kamen ins Gespräch.
»Mei, is dös a scheens Wetter heur!«
»Ja, wirklich herrlich!«
»Sans hier zur Kur?«
»Ach nein, ich reise viel in der Welt herum. Gestern war ich noch in München.«
»Jo do schau her. München, do wohnt mei Äldesder. Ham's a Verwandtschaft do?«

»Nein, ich habe überhaupt keine Verwandtschaft. Ich bin ganz alleine.«
»Jo geh', dös gibt's nett. A Cousine werdn's doch ollwei no ham?«
»Nein, ich habe wirklich niemanden. Ich war nie verheiratet. Meine Familie kam aus dem Osten. Die Eltern sind aber schon lange tot. Was soll ich machen so ganz alleine? Ich reise halt viel.«
»Jo, gibt's dös!«
»Und Sie, besuchen Sie jemanden?«
»Jo, i fahr zu meiner Dochter nüber nach Rottach!«
»Schön, mal mit jemandem gesprochen zu haben!«
Mittlerweile hatte das Boot angelegt, und die beiden Damen stiegen aus.
Ich schämte mich plötzlich, daß mir all die Besucher und meine besorgte Familie mitunter eine Last gewesen waren. Noch auf meinem Weg zurück in das Sanatorium überlegte ich mir, wie einsam der Tod dieser Frau wohl werden würde, und es kam mir zum Bewußtsein, daß ich im Begriff war, eine neue Lektion zu lernen.
Nach dem Abendessen rief ich meinen Mann, meine Eltern und meine Freundin an und ging danach ein wenig getröstet zu Bett.

Am nächsten Tag begann dann meine vierwöchige Karriere als Kurgast. Das Haus, in dem ich untergebracht war, hatte eine eigene Badeabteilung im Parterre, und der freundliche, ältere, ein wenig zerstreute Professor stellte daselbst seine überaus wichtigen Rezepte aus. Um die Gäste des Hauses ein wenig von seiner großen Bedeutung für ihre weitere Gesundung spüren zu lassen, eilte er von Zeit zu Zeit von seinem kleinen Sprechzimmer in die Massageabteilung und wieder zurück, wobei er in regelmäßigen Abständen huldvoll: »Weitermachen, weitermachen, meine Herrschaften!« rief. Ich sah mich erstaunt um, konnte aber beim besten Willen außer mir selbst niemanden entdecken.
Nach gebührender Wartezeit wurde ich schließlich zu der führenden Kapazität der naturkundlichen Heilverfahren des Alpenraums vorgelassen. Für diesen Heusack, Wechselbäder, Massagen und Baldrian verschreibenden Jünger Hippokrates'

empfand ich bedeutend mehr Sympathien als für die häufig frustrierten Krebsärzte, die es ihren Patienten übelnehmen, daß sie einfach nicht gesunden wollen, und die sie für ihre Mißerfolge verantwortlich machen.
Ich möchte nicht mißverstanden werden, ich habe Mitleid mit jedem Arzt, der sich der schulmedizinischen Krebstherapie verschrieben hat. Er hat ständig mit Menschen zu tun, die völlig überhöhte Erwartungen an ihn stellen. Er soll heilen, Trost spenden, Mut machen und weiß doch nicht wie. Er muß den Sensenmann überlisten und weiß doch nur zu genau, daß er meist der Unterlegene ist. Ich hätte meinen Beruf als Lehrerin schon längst an den Nagel gehängt, wenn ich zu jedem Schuljahrbeginn wüßte, daß über die Hälfte meiner Kinder das Klassenziel nicht erreichen würde.
Nach einer eingehenden Untersuchung, wobei mit dem Zentimetermaß unter anderem meine Schulterbreite und die Länge meiner Beine vermessen wurden, geleitete mich der Herr Professor persönlich zu der Masseurin und gab ihr seine Instruktionen.

Ich betrete ungern Räume alleine, wenn ich glaube, alle dort Versammelten würden sich sehr gut kennen und mich als neu Hinzugekommene kritisch mustern. Als ich schon ein paar Tage auf meinem Zauberberg verbracht hatte, merkte ich an dem unsicheren Verhalten anderer Gäste und den scheuen Blicken, die sie beim ersten Betreten des Speisesaals meist nach unten richteten, daß ich diese Empfindungen durchaus mit anderen Menschen teile.
In den ersten Tagen fühlte ich mich ständig verunsichert und beobachtet. Obwohl ich schon seit einigen Jahren mit Messer und Gabel umzugehen weiß, hatte ich, bis ich mich nach etwa einer Woche heimisch fühlte, immer die Befürchtung, ich verschüttete etwas oder träfe meinen Mund nicht mit den Eßwerkzeugen. Hinzu kam, daß ich mir einbildete, nur ich sei ein schwerkranker Mensch, und die anderen Patienten kurierten nur irgendwelche läppischen Wohlstandswehwehchen. Saß das Kopftuch richtig, zeichnete sich der BH vielleicht unnatürlich ab, war die Masseurin verschwiegen oder erzählte sie jedem, daß die kleine junge Frau Krebs habe?
Die Mehrzahl der Patienten waren älteren Semesters und sag-

ten mir oft wohlmeinend und wehmütig schmunzelnd: »Sie sind so ein junges Persönchen, kommen Sie erst mal in unser Alter, da fangen die Gebrechen erst richtig an. Ja, als wir so jung waren wie Sie, da haben wir an eine Kur noch gar nicht gedacht.«

Ich dachte dann traurig: ›Ja, in euer Alter möchte ich eigentlich auch noch gerne kommen. Muß aber erst noch mit dem alten Herrn da oben verhandeln, ob das klappt.‹ Gesagt habe ich aber dazu nichts.

Unter den Gästen war ein junges Ehepaar, beide sehr attraktiv. Mir fielen sie auf, weil sie zu den Mahlzeiten oft auch schon mittags Wein tranken. Abends rauchten sie in dem kleinen gemütlichen Aufenthaltsraum um die Wette, und manchmal gebärdete sich die junge Frau äußerst merkwürdig. Eine innere Unruhe erfaßte sie, sie begann scheinbar grundlos mit ihrem Mann zu schimpfen, und mit einem lauten Türenzuschlagen verließ sie den Raum. Das war schon ein paarmal geschehen, und jedesmal trank er dann mehrere Whiskys hintereinander und lächelte verlegen in sich hinein, sprach aber mit niemandem ein Wort.

Das Ehepaar war mir unsympathisch, sie wirkten so exaltiert, ruhelos, gehetzt und hysterisch. Ich nahm an, es seien reiche Trinker, die sich dieses Sanatorium ausgesucht hätten, weil sie Publikum für ihre Auftritte brauchten.

Nach einem der obligatorischen Ausbrüche flüsterte mir eine ältere Dame zu: »Wahnsinn, was die beiden da betreiben mit ihrer Raucherei und dem Trinken.«

Sie mußte das ablehnende Fragezeichen auf meinem Gesicht gelesen haben, denn sie fügte hinzu: »Wußten Sie denn nicht, daß die beiden Multiple Sklerose haben? Die haben sich in einem Sanatorium kennengelernt. Bei ihm ist es schon fortgeschrittener.«

Ich schämte mich, daß ich geglaubt hatte, nur ich sei zu einem Kuraufenthalt legitimiert, schämte mich, daß ich blind für die entsetzliche Not dieser beiden Menschen gewesen war, wo ich doch mittlerweile besser hätte sehen müssen.

Auf eine ganz andere Weise zog eine schätzungsweise siebzigjährige Dame meine Aufmerksamkeit auf sich. Sie saß während der Mahlzeiten an meinem Nachbartisch und hinterließ eine Duftwolke kostbaren französischen Parfums, das den Speiseraum noch lange nach ihrem Hinausgehen durchflutete. Sie war eine schlanke schöne Erscheinung mit vollem silbergrauen Haar und aristokratischen Gesten. Wenn sie zu den Mahlzeiten erschien, grüßte sie ihre Tischnachbarn mit einem freundlichen, aber doch distanzierten Lächeln. Jede ihrer Bewegungen spiegelte Selbstsicherheit und Würde wider. Sie aß von den aufgetischten Speisen nur so wenig, daß ich mich meiner Gefräßigkeit zu schämen begann.

Was sich mit ihrem dezenten Habitus und der sonnenbankbraunen und überaus faltigen Haut aber durchaus nicht vertrug, war ihre betont jugendliche Kleidung. Zu jeder Mahlzeit erschien sie in neuer Aufmachung. Da tummelten sich mittags weiße Angorakaninchen auf hellblauem Seidenlurex und machten abends pinkfarbenen Flamingos auf fliederüberhauchtem Georgette Platz. Zu jedem dieser extravaganten Kleidungsstücke trug sie die passenden kostbarsten Juwelen. Wenn ich mittags im Liegestuhl vor mich hin döste, sah ich sie zum nahegelegenen Golfplatz schreiten, von dem grünen Käppchen über die weißen Lederhandschuhe bis zu den exquisiten Schuhen eine Dame von Welt.

Das Personal in der Badeabteilung umschwirrte sie mit besonderem Zuvorkommen, und nach einer Weile erfuhr ich, daß diese Dame schon seit einigen Jahren Stammgast des Hauses war. Man schätzte ihre äußerst großzügig bemessenen Trinkgelder und verriet mir, daß sie eine reiche Fabrikantengattin sei, die regelmäßig nach Bad Wiessee zu einer Abmagerungskur komme.

Eines Morgens saß sie beim Fußwechselbad neben mir und beklagte sich bei der Badefrau über ihre überflüssigen Pfunde, nach denen ich vergeblich heimlich Ausschau hielt.

Die rundliche Badefrau sah sich denn auch genötigt zu sagen:

»Ah, gehn's, gnä' Frau. Wo san Sie denn dick?«

Worauf die Problemfigur antwortete:

»Ich habe so einen schrecklich dicken Busen, da muß noch was runter!«

Mir wurde übel. Seltsam – bisher waren mir die Fußbäder immer hervorragend bekommen.

Als die Dame eine Woche später von ihrem Chauffeur abgeholt wurde, war ich froh, den Duft von gebratenen Zwiebeln und köstlichen Suppen ohne Jasmin und Rosenöl genießen zu können.

Da ich als Privatpatientin nicht in einem Kurheim der Sozialversicherung unterkommen konnte, sondern nur in einem Privatsanatorium, fühlte ich mich häufig an die vornehme Dekadenz des Zauberbergmilieus erinnert. Eine durchaus nicht ermutigende Erfahrung, wenn man sich selbst als winzig kleines Würstchen empfindet und seinem Staunen darüber, daß es Menschen gibt, die teures Geld dafür bezahlen, daß sie fast nichts zu essen bekommen, ständig Ausdruck verleihen möchte.
Rund um den Tegernsee wimmelt es aus unerfindlichen Gründen von Schönheitsfarmen, die alle recht gut frequentiert zu sein scheinen.
Eine Dame, die anfänglich mit an meinem Tisch saß, erschien nach drei Tagen nicht mehr zu den Mahlzeiten, obwohl ich sie jeden Morgen auf der Liegewiese traf und sie folglich noch nicht abgereist sein konnte. Auf meine Frage, ob sie denn nicht mehr im Hause esse, antwortete sie mir, die Leiterin der Schönheitsfarm, bei der sie gewesen sei, habe ihr zur Verbesserung ihres Teints eine Milch-Semmel-Diät empfohlen. Morgens, mittags und abends esse sie nun ausschließlich altbackene Semmel. Ich habe mich nicht getraut zu fragen, ob die Direktion des Sanatoriums ein Sonderarrangement mit ihr getroffen habe. Als sie abreiste, war ihr Doppelkinn jedenfalls erheblich geschrumpft, wahrscheinlich durch die Überbeanspruchung ihrer Kaumuskulatur.
Vanity Fair – Jahrmarkt der Eitelkeiten!

Etwa hundert Meter oberhalb des Sanatoriums stand eine altersschwache Bank, grau und ausgelaugt das Holz, auf einem kaum begangenen Wiesenpfad. Das Gras stand so hoch, daß es völlig die rostigen Füße der Bank verdeckte. Von diesem Platz aus konnte man beinahe den ganzen See überblicken. Die Seilbahn zum Tegernseer Hausberg, dem Wallberg, sah aus wie ein Legospielzeug, und an manchen Tagen sah man weiße Wölkchen am Himmel über dem Wasser träge vorübergleiten. Diese Bank hatte ich für mich entdeckt, und immer wenn ich besonders traurig war und mir einsam vorkam, flüchtete ich mich dorthin. Der köstliche Duft des satten Grases, ein Geruch, der mich seit meiner Kindheit berauscht, und die stille Abgeschiedenheit dieser altersschwachen Bank hatten es mir angetan.

Eines Abends saß ich dort in der beginnenden Dämmerung und fing über die Leere in mir zu weinen an. Meine Weiblichkeit hatte ich wiederentdeckt, ja, eigentlich in diesem Jahr erst richtig erfahren. Der Grund meiner Trauer konnte nicht in dem Verlust meiner Geschlechtlichkeit liegen. Ich sah die liebliche Landschaft vor mir, die Lichter, die in einzelnen Häusern schon angingen, dachte an all die Menschen, die mir nahestanden, und an die zahllosen wirklich Einsamen dieser Welt. Mir schien es mit einem Male, als löste ich mich in Luft auf, und da war nichts, was ich hinterließ. Nur Leere! Ich steigerte mich in dieses Weinen hinein und glaubte, erleichtert daraus hervorzugehen, wie ich es im Krankenhaus während meiner einsamen Nächte erlebt hatte, aber da war nichts, was in mir antwortete.
Plötzlich stieg ein Bild vor mir auf.
Ich bin ein kleines Schulmädchen, eine Erstklässlerin. (»Erste Klässer – Tintenfresser!« hallen uns die Spottrufe der Zweitklässler nach.)
Wir haben gerade Religionsunterricht. Ich sitze in der zweiten Bank und kaue auf meinen Zopfenden. Unser Religionslehrer, ein alter grauhaariger Mann, erzählt uns das Gleichnis von Petrus, dem Menschenfischer. Petrus fischt mit seinem Netz Seelen. Ich stelle mir ein von Gott ausgesuchtes Netz besonders hübsch vor, vielleicht ist es aus goldenem Haar geflochten? Ich melde mich und frage, wie das Netz ausgesehen habe. Mein Lehrer schaut mich lange versonnen an und sagt dann schließlich:
»Christiane, das ist nur ein Gleichnis. Petrus hat nicht wirklich in einem Netz Menschen eingefangen. Diese Bibelstelle will uns sagen, daß Petrus Menschen für Gott und unseren Herrn Jesus Christus so begeistert hat, daß sie sich zum christlichen Glauben bekannten. Sie dafür gewonnen, das bedeutet ›gefangen‹.«
Ich beginne zu verstehen, aber ein Netz aus goldenen Haaren wäre mir lieber gewesen als ein Gleichnis, ein Gleichnis scheint etwas Langweiliges zu sein.
Der Lehrer erkennt meine Enttäuschung, und weil er ein netter Lehrer ist, will er mir noch einmal alles klarmachen und sagt:
»Siehst du, dasselbe haben wir doch auch beim Christkind. Wir Menschen stellen es uns so vor, daß es jedes Jahr an Weihnach-

ten zu uns auf die Erde kommt, um uns zu beschenken. Das ist ein Gleichnis für das Fest der Liebe, das wir zu Christi Geburt vor fast 2000 Jahren auch heute noch feiern.«
»Aber das Christkind kommt doch wirklich!«
»Nein, das Christkind in dem Sinne, wie du es dir vorstellst, gibt es nicht!«
»Aber meine Mutter spricht doch immer mit ihm, und außerdem habe ich seine Goldfunken jedes Jahr bei uns gesehen.«
Die anderen Kinder hören schweigend und staunend zu. Die Zeiten der Fernsehaufklärung über den Symbolgehalt der Christkindgeschichte sind noch in weiter Ferne.
Meine Argumentation war ziemlich überzeugend, und die Chancen für das Christkind stehen gut. Ich merke das und rede mich in Fahrt: »Wenn es den Nikolaus gibt, gibt es auch das Christkind!«
»Es gibt auch keinen Nikolaus.«
Ich bin empört über so viel Unwissenheit und beginne an dem sittlichen Nährwert der Schule zu zweifeln. Gerade will ich meinen letzten Trumpf, den Osterhasen, ausspielen, der nachweislich vergangenes Jahr unseren Küchentisch beim Eierfärben versaut hat, wovon sich jeder persönlich überzeugen kann und woran es auch gar nichts zu deuteln gibt, als sich eine Mitschülerin meldet:
»Ja, das stimmt! Das hat meine Mutti auch gesagt, daß es keinen Nikolaus gibt.«
Zwei, drei Kinder nicken zustimmend, und unser Lehrer fährt, beruhigt über so viel Aufgeklärtheit, mit dem Stoff fort.
Zu Hause frage ich schon auf der Treppe: »Gibt's das Christkind wirklich nicht?«
»Komm erst mal herein, Schätzchen, das ist nämlich so ...«
Zum ersten Mal bin ich von den Erwachsenen bitter enttäuscht, und am Abend begrabe ich unter Tränen in meinem Bett den lieben Gott mit seiner Nickelbrille und dem langen weißen Bart sowie dem blauen Samtmantel, das letzte olle Gleichnis.

Ich wunderte mich, wieso gerade dieses Bild aus meinen Kindertagen in mir aufgestiegen war. Ich mußte ein wenig über die

Beharrlichkeit, die ich meinem Lehrer gegenüber demonstriert hatte, lächeln. Diese Zähigkeit, mit der ich an Dingen festhielt, auch wenn alles gegen sie sprach, war wohl von Jugend auf eine hervorstechende Eigenart von mir gewesen.
Ich nahm noch einen langen Zug der friedlichen und herben Abendluft und machte mich dann auf den Weg zurück in das Sanatorium, denn es war mittlerweile Zeit zum Essen. Während ich durch das hohe Gras stapfte, wußte ich auf einmal, wieso ich mich an diese Episode aus dem Religionsunterricht erinnert hatte. Damals empfand ich die gleiche namenlose Leere, nicht Trauer, nicht Verzweiflung, sondern Inhaltslosigkeit, Entwurzeltsein, das große Nichts. Die gleiche Leere 26 Jahre später auf dieser einsamen Bank in der Abenddämmerung!
Am Abend des folgenden Tages, den ich mit den obligatorischen Anwendungen am Morgen und einem faulen Sonnenbad am Mittag verbracht hatte, unternahm ich einen kleinen Spaziergang und landete schließlich mehr zufällig als willentlich auf meiner Bank. Während ich mich setzte, schwirrten mir noch einmal die Gedanken vom Vorabend durch den Kopf, und ich fragte mich, womit diese meine innere Leere zu erklären sei. Schon bevor mein Krebs erkannt worden war, hatte ich Augenblicke der Trauer und des Ausgelaugtseins empfunden, die ich immer mit meiner Kinderlosigkeit zu erklären suchte. Wenn ich nur ein Kind hätte, dann hätte mein Leben eine Mitte, ich selbst ein Ziel. Ein anderes Ziel konnte ich mir einfach nicht vorstellen. Ich hatte materiell alles, was ich mir wünschen konnte. Ich hatte einen Mann, den ich liebte und der mir immer ein guter Kamerad gewesen war. Ich hatte meinen Wunschberuf und wollte nie etwas anderes sein, als eine gute Lehrerin.
»Die Frau Lenker strahlt immer, wenn man sie sieht.«
Wie oft hatte ich das schon gehört! Ich mußte mich nie wirklich darum bemühen, daß andere Menschen auf mich zukamen.
Und trotzdem, Fritz Zorn, verspürte auch ich die gleiche Leere wie Du, obwohl wir doch scheinbar so völlig verschieden sind.
Oft fragte ich mich, was bleibt von dir übrig, wenn du stirbst? Deine Asche wird den Boden düngen, und wenn du Glück hast, wird sie einem Baum zum Wachstum dienen. Da ich mich selbst vordergründig mit meinem materiellen Körper identifizierte, glaubte ich, nur durch die materiellen Früchte meines Körpers,

eigene Kinder, indirekt fortbestehen zu können. Neben der wirklichen und echten Liebe für Kinder und dem Bedürfnis nach Verwirklichung als Frau stand da also noch etwas anderes leise im Hintergrund, das aber beharrlich in mir wirkte. Ich hatte durch die Geburt eines Kindes erhofft, Zutritt zur Ewigkeit zu erhalten.

In der Einsamkeit und Abgeschiedenheit dieser Bank, begünstigt durch völlig andere Lebensumstände, wurde mir mit einem Male klar, daß mich meine Krankheit schon lange herausgefordert hatte, nach den Gründen meines Seins zu forschen. Wahrscheinlich hatte mein innerer Meister schon oft mahnend bei mir angepocht, ich hatte nur nie darauf hören wollen. Seitdem man mir meinen kindlichen Glauben an den »lieben Gott« genommen hatte, war es mir ein wenig peinlich gewesen, von Gott zu sprechen. Es war etwa so, als würde man lauthals vom Klapperstorch erzählen, obwohl man genau weiß, daß es sich hierbei um ein Märchen handelt.

Religion interessierte mich mehr aus kulturgeschichtlichen Erwägungen, und seitdem ich so gut gelernt hatte, was ein Gleichnis ist, hielt ich jeden Glauben nur von seinem symbolischen Gehalt her für vertretbar. Zwar bewunderte ich die Menschen, die unbeeindruckt und unbeirrbar in ihrem Glauben an Gott als der einzig ordnenden Kraft festhielten, doch hielt ich all diese glücklichen Menschen im Grunde genommen für dumm.

So wie ich in jeder Hinsicht wissenschafts- und autoritätsgläubig war, orientierte ich mich in meinem Weltbild an den naiv-naturwissenschaftlichen Erkenntnissen, die etwa die ersten Russen im Weltraum hatten, als sie sagten, sie hätten da oben keinen Gott gesehen. Ich erkannte nur das an, was zähl-, meß-, seh- und tastbar ist. Heute weiß ich, daß fast alle wirklich großen Wissenschaftler, besonders aber die Physiker, irgendwann einmal an einen Punkt geraten, an dem sie die Grenzen des Meßbaren erkennen und sich der Metaphysik zuwenden. Wo die Gesetze von Raum und Zeit keine Gültigkeit haben, beginnt das Wissen um etwas Höheres.

Mit ein entscheidender Grund, warum ich mich nicht mit dem Gott der Christen anfreunden konnte, war das Entsetzen darüber, wie ein »lieber Gott« denn all diese Greuel auf Erden zulassen konnte. Daß böse Menschen für ihre Taten später gerichtet werden sollen, leuchtete mir ja noch ein, dahinter

steckte Gerechtigkeit. Aber was war mit den Millionen Menschen, die in Kriegen krepierten oder bei Naturkatastrophen elend umkamen oder denen, die gequält, gefoltert, vergast worden waren? Wieso durfte Gott so etwas zulassen? Über Jahrhunderte hinweg waren sogar im Namen Gottes die schlimmsten Verbrechen begangen und geduldet worden. Wo steckte da Gerechtigkeit? Auch solche Leute, die von Berufs wegen darüber Auskunft geben müßten, konnten es nicht. So hatte ich nie die Worte eines Pfarrers bei der Beerdigung eines ermordeten Taxifahrers verstanden, die er vor der Witwe und ihren beiden Kindern sprach:
»Das hat Gott nicht gewollt.«
Wieso ließ er es dann zu!
Meine Konfirmandenstunde trug mit dazu bei, daß ich mit Gott nicht mehr allzuviel zu tun haben wollte. Gerade als sehr junger und unerfahrener Mensch hat man große Schwierigkeiten damit, Person und Sache fein säuberlich zu trennen.
Der Pfarrer, zu dessen Gemeinde wir gehörten, war ein ausgesprochen griesgrämiger Mensch. Aus jeder seiner Äußerungen konnten wir entnehmen, wie lästig wir dummen Gören ihm eigentlich waren. Wenn einer keine Antwort auf seine Fragen zu geben wußte, sagte er: »Selig sind die Bekloppten, denn sie brauchen keinen Holzhammer!«
Ein zartes, unendlich schüchternes Mädchen, vielleicht war sie auch nur einfach dumm, so genau kann ich das nicht sagen, brachte nie einen Ton hervor, so sehr sie auch von dem Herrn Pfarrer dazu getrieben wurde. Eines Nachmittags stellte er sich hinter sie. Sie trug einen dicken aschblonden Dutt und hieß mit Nachnamen Knospe.
Er bohrte seinen Finger in die Mitte des Dutts und sagte: »Knospe, wann wirst du endlich einmal Blüten treiben?«
Vielleicht verstand ich ihn damals ganz falsch, und es war nur eine besondere Art von Humor, ich fand sein Verhalten jedenfalls ausgesprochen fies.
Nach der Konfirmation, die bei mir genauso wie bei fast allen Kindern hauptsächlich wegen der vielen Geschenke Interesse hervorrief, war mein Bedarf an der christlichen Kirche gedeckt. Ich war dem Zeitgeist verfallen und tat religiöse Fragen und den Glauben an Gott als abergläubischen Humbug ab.
Es geschah dies im wesentlichen aus Faulheit. Die Welt des

Greifbaren schien mir weitaus lohnender und bequemer. Als letztes Hintertürchen hielt ich mir einen diffusen Glauben an ein ›höheres Gesetz‹ offen.
Ein Gott, der mein Herz aussparte, war akzeptabel. So konnte er mit meinem kritischen Verstand, auf den ich mir so viel einbildete, nicht kollidieren. Ein- oder zweimal hatte ich den Versuch unternommen, in die Gemeinschaft der Gläubigen zurückzukehren, indem ich Gottesdienste besuchte. Aber das erhoffte Echo blieb aus, und so trat ich schließlich aus der Kirche aus.
Ich hatte keinen Halt, nichts, was mich hätte auffangen und mein Bedürfnis nach einer Antwort auf die wichtigsten Fragen unseres Seins hätte befriedigen können. Oft versuchte ich meine Sehnsucht mit dem Studium der Philosophen der deutschen Aufklärung zu stillen, aber nachdem ich enttäuscht feststellen mußte, daß auch sie meist nur Suchende waren, gab ich kleinherzig auf.
Irgendwann kommt im Leben eines jeden Menschen der Augenblick, in dem er Farbe bekennen muß, wo er nicht mehr ausweichen kann, wo alle Hintertüren geschlossen sind und er durch die Konfrontation mit sich selbst auf die Begegnung mit dem stößt, was ihn erschaffen hat.
Ich habe auf meiner einsamen und abgeschiedenen Bank eine Erfahrung gemacht, die man als mystisch bezeichnen kann. Plötzlich überkam mich das Gefühl, als würde ich etwas verstehen, wonach ich schon immer eine so große Sehnsucht gehabt hatte. So, als wenn der Krebs mich nun endgültig daran gemahnte, das zu tun, was ich stets vor mir hergeschoben oder besser weggeschoben hatte: die Suche nach Gott. Ich hörte deutlich in mir die Forderung, mich auf den Weg zu begeben, die Schwierigkeiten, die ich immer gescheut hatte, nicht achtend.
Ich erinnerte mich an das Buch von Anne Marie Tausch, in dem sich so viele vom Tod Gekennzeichnete so voller Hoffnung, ja Wissen um die Unvergänglichkeit des Lebens zeigten. Mit einem Male erschien mir dieses Buch, das mich so sehr geängstigt hatte, in einem anderen, neuen und schönen Licht. Ich begann zu begreifen, daß der Krebs ein ernst zu nehmender und unerbittlicher Lehrmeister ist.
Das Leid, die Qual, alle Nöte, Versagensängste, die Einbuße

der äußerlichen Schönheit wären tausendfach aufgewogen, wenn man dafür die Gewißheit der Geborgenheit in einer göttlichen Hand erhielte. Ich erkannte deutlich, daß Freude und Leid nur von uns Menschen getroffene Einteilungen unserer Gefühle sind. Aus Leid aber wird Freude, aus Verlust Gewinn.

Da wir nur durch Gegensätze etwas erkennen können, nur durch Polarität begreifen, verstand ich, daß das Böse existieren muß, damit wir das Gute erkennen können. Satan ist eine Erfindung des Menschen, um Gott zu erklären, dessen Alleinheit, Unendlichkeit, Allwissenheit wir uns nicht vorstellen können. Auf einmal sah ich einen Sinn im Unsinn, und die Furcht vor dem Tode schwand. Der schwarze Schleier meiner Verzagtheit machte dem Licht der Erkenntnis Platz. So wie mein Todesbote Krebs der zündende Funke für ein neues, bewußteres Leben sein konnte, so hatten auch vielleicht die recht, die behaupteten, der Tod sei die Schwelle zu einem anderen Leben. Die Metamorphose unseres Seins: Stirb und Werde!

Nur wer solche Momente tieferer Einsicht niemals erlebt hat, kann sie abfällig als Wunschvorstellungen abtun; wer sie selbst erfahren hat, weiß, daß er, für Bruchteile von Sekunden vielleicht nur, über die Grenze unserer menschlichen Erkenntnismöglichkeiten hinausgelangt ist. Unterschwelliges Ahnen und eine Ursehnsucht nach unserer eigentlichen Herkunft drang tief in mein Bewußtsein, nicht immer abrufbar für später, aber doch unauslöschlich.

Getröstet und geborgen wie schon lange nicht mehr, machte ich mich auf den Rückweg und beschloß, mich mit dem Sinn des Lebens und damit auch des Todes, ungehindert durch die Schranken der Angst, auseinanderzusetzen.

Aber wie sollte diese Auseinandersetzung erfolgen, und wer würde mir dabei helfen? Wir erwarten immer wieder Hilfe von anderen, und wenn uns nicht zu helfen ist, schieben wir auch bequemerweise die Schuld dafür den anderen zu. Will man sich nicht genau festlegen, ist einfach die Umwelt der imaginäre Buhmann. Ist man sich konkreter Probleme bewußt, kennt man auch gleich die Bösewichte. Für Wunden, die nicht heilen, sind es die Ärzte, für Kinder, die nicht lernen, die Lehrer, für mangelnde Arbeitsplätze die Türken, für sexuelle Neurosen wahlweise Vater, Mutter oder Ehepartner, und so könnte man getrost die Liste noch lange fortführen. Immer wieder sind wir bereit, den einfachen Weg zu wählen und unser Versagen nicht in uns selber zu suchen. Mir war aber klar geworden, daß ich und niemand anderer den Glauben an den Sinn meines Lebens und des Lebens überhaupt verloren hatte, also mußte ich mich auch ganz alleine auf den Weg machen, etwas zurückzugewinnen, was man ein Weltbild nennt. Und zwar ein Weltbild, das sich nicht an äußerlichem Ruhm, an Schönheit, Erfolg, Glück, Gesundheit, Jugend orientierte, sondern das zu dem Kern der Dinge vordrang, zu dem Wesen an sich, dem Eigentlichen.

Als Gegner aller Pauschalreisen und aller Auswüchse des modernen Massentourismus entschloß ich mich, diese Reise zum Mittelpunkt allein zu unternehmen. Natürlich begab ich mich damit in die Gefahr, mich zu verirren, umkehren zu müssen und mich erneut von meinem Ausgangspunkt auf die Zielsuche zu begeben. Reist man ganz alleine, so sind die Schwierigkeiten größer und die Versuchung, die Reise abzubrechen, mitunter verführerisch. Der Reiseleiterguru tröstet oft über regnerische Tage mit ablenkenden Gesellschaftsspielen hinweg, und die Reisegruppe mit ihrer ständigen Präsenz läßt das quälende Nagen der Einsamkeit kaum aufkommen.

Trotz all dieser Erwägungen entschloß ich mich für eine Expedition im Alleingang, weil ich mir für mich persönlich mehr davon versprach.

Als erstes fing ich an, mir jeden Tag einen Satz mehrmals im stillen aufzusagen, der gewiß banal klingt, über den ich aber indirekt zu einem Kontakt mit Gott fand. Er lautete:

»Du bist nur ein kleines Staubkorn im All, ein winziges Teil des großen Ganzen, und darfst dich nicht so wichtig nehmen.«

Dieses bewußte Loslassen der Bedeutung des eigenen Ich, das zumindest vorübergehende Aufgeben meines egozentrischen Denkens bedeutete einen großen Gewinn für mich. Viele namhafte Ärzte und Psychologen sprechen von den sogenannten krebsanfälligen Typen, die stets Kummer in sich hineinfressen und durch unverdaute Probleme und mangelnde Bejahung der eigenen Person ihrem Krebs einen günstigen Nährboden schaffen. Mir kam es mitunter fast so vor, als könne man auch vor lauter Eigenliebe aufgefressen werden.

Es ist nicht so, daß ich jemals ein wirklicher Egoist gewesen wäre oder böse, hartherzig, ohne Verständnis für andere, und doch war ich in meinem Denken rein ichorientiert, beurteilte alles nur von meinem eigenen Standpunkt, sah in mir das Maß aller Dinge, und am wichtigsten schien mir, daß ich immer glücklich war. Wie weiß man aber, was Glücklichsein bedeutet, wenn man vor dem Unglücklichsein, der Trauer, dem Schmerz ein Leben lang flieht. Glück und Erlösung werden erst erfahrbar durch Leid.

Langsam begann auch die Leidensgeschichte Jesu für mich einen wirklichen Sinn zu ergeben. Das Exemplarische seines Handelns, das trotz Angst auf sich genommene Opfer des Todes, um uns Menschen einen Weg zu zeigen aus aller Finsternis und Verzweiflung, wurde für mich nachfühlbar, das Herz begriff, nicht mein Verstand.

Ich begann zu beten, aber aus der erhofften Zwiesprache mit Gott wurden anfangs nur Monologe. Je mehr ich jedoch betete, um so mehr fühlte ich etwas in mir, was einer Antwort gleichkam. Sie erfolgte nicht immer, und manchmal war ich bitter enttäuscht, aber oft erhielt ich sie dann doch, nur etwas später und anders, als ich sie mir vorgestellt hatte.

So stieß ich z. B. auf Bücher, die ich ohne Ablenkung durch Telefon, Freunde oder einfach die alltägliche Arbeit ungestört lesen konnte.

Besonders beeindruckt haben mich dabei die Sterbeforschungen von Elisabeth Kübler-Ross und Allan Moody. Heute glaube ich nicht, sondern ich weiß, daß das Sterben nur eine Veränderung der Seinsform bedeutet, ein schmerzloses Hinübergleiten auf eine andere Ebene. Alle weiteren Konsequenzen, die sich für meinen Glauben daraus ergeben haben, sind zu persönlich, um sie hier darzulegen, denn die Sinnfindung ist ein so individueller Weg, der von seiner Bedeutung her und seinem auf Entwicklung ausgerichteten Wesen erst dann abgeschlossen sein wird, wenn wir wieder aufgenommen sind da, woher wir stammen.

So ist auch nicht das Ziel entscheidend, sondern der Weg, den wir bereit sind, trotz aller Gefahren und Hindernisse zu begehen. Stillstand bedeutet Rückschritt, und Lernen ist Rudern gegen den Strom. Alle Zweifel und Entmutigungen sind besser als satte Zufriedenheit.

Das Wort Sokrates': »Wer die Angst vor dem Sterben verliert, hört auf, Knecht zu sein«, habe ich in seiner vollen Bedeutung

erfahren. Man wird frei von so vielen Vorurteilen, die einen belasten. In der Konfrontation mit dem Tod spüren wir, daß alles Lebende des gleichen Ursprungs ist und nach neuer Vereinigung lechzt. Der andere ist kein Gegner mehr, sondern Teil des eigenen kleinen Selbst. Und wie alles Lebende zu steter Erneuerung drängt, so sieht man sich dem Wandel des Werdens unterworfen. Mit einem Mal erkennt man das Verbindende aller Religionen, ihren wahren Kern; man weiß, daß Mode, Kultur, Sitte, Geschmack, Wissenschaft sich ändern, immer wieder neue Auswüchse hervorbringen, das Wahre aber bleibt.
Man kann es nicht in Worte fassen, es ist oft leichter, zu sagen, was es *nicht* ist, und in den ganz seltenen Augenblicken des Losgelöstseins von den Fesseln des Verstandes und der sinnlichen Wahrnehmung können wir es erspüren.
Diese schlummernde Ahnung ständig als Gewißheit in uns herumzutragen, wären wir nicht in der Lage. Zu groß wäre die Sehnsucht, unsere Hülle abzustreifen, aus dem Kokon als Schmetterling zu entfliegen. Die Angst vor dem Tod ist uns auferlegt, damit wir uns nicht, bevor es unsere Bestimmung ist, entziehen.
Natürlich habe ich auch heute noch zuweilen wieder Angst vor dem Tod und dem Sterben, weine bei Todesanzeigen, wenn ich lese: »... nach schwerem Leiden und allzu früh ...«
Natürlich habe ich Angst, wenn ich höre, daß ein Leidensgenosse vor Schmerzen sich windet, die Knochen wie Glas zerspringen und die äußeren Zeichen des Verfalls nicht mehr zu übersehen sind.
Natürlich habe ich Angst, wenn mich die rechte Hüfte schmerzt oder nach einer Erkältung der Husten nicht verschwinden will. Aber doch weiß ich ganz tief in meinem Innersten, daß ich bereit sein werde, wenn meine Zeit gekommen ist, Abschied zu nehmen, wann auch immer das sein wird. Ich weiß, weil ich es erfahren habe, daß unsere Sehnsucht nach Harmonie und Licht einem *Urwissen* entspringt.
Ein Urwissen, das wir aufgeklärten Menschen der westlichen Zivilisation immer mehr verdrängen und dessen Verdrängung Ursache unseres Leids und unserer zunehmenden Krankheit ist, trotz allen wissenschaftlichen »Fortschritts«. Wir schreiten tatsächlich fort, fort von unserem Ursprung, der allein uns Geborgenheit gewährt, entfernen uns von Gott. Dabei ist es un-

wichtig, welchen Namen wir ihm geben und wie wir mit ihm in Verbindung treten. Nur daß wir wieder zu ihm finden, ist von Bedeutung. Ich glaube heute, einen Sinn auch noch hinter den scheinbar sinnlosesten Geschehen erkennen zu können. Weil ich gelernt habe, meiner absurden Krankheit einen Sinn abzugewinnen, habe ich eine neue Ehrfurcht vor allem Lebenden gewonnen.
Bewußt sehe ich nun die keimenden Pflanzen, aus einem kleinen Körnchen erwachsend, das doch schon alle Informationen der Zukunft in sich trägt, und mit Schaudern lese ich über die immer unglaublicheren Versuche der Menschen, den Turm zu Babel erneut zu errichten. Mir graust es, wenn ich an die zahllosen Feten denke, die tiefgekühlt auf dem Abfall landen, nur weil man sie zum Experimentieren nicht länger braucht. Mir graust es, wenn ich von den Millionen, oft leichtfertigen, Abtreibungen lese. Wer gelernt hat, den Tod zu bejahen, liebt das Leben auf neue und sehr bewußte Weise. Es ist ein ehrfürchtiges Lieben.

So wurde meine Kur gleichzeitig eine Kur des Körpers und der Seele und damit eine weitere Station in meinem Werdegang der Selbstfindung.
Als ich wieder zu Hause war, glaubte ich manchmal, daß all das, was ich erkannt zu haben schien, verloren war. Meine Enttäuschung war groß, und ich begann erneut, mich in meinen Kummer und mein Selbstmitleid zu vergraben. Meine Blutwerte waren immer noch miserabel, ich kämpfte abwechselnd mit extremen Erschöpfungszuständen und Hitzewallungen, die in Sekundenschnelle meine Wäsche durchnäßten. Die Haare wollten nicht nachwachsen, und obwohl ich sie beinahe täglich mit einer übelriechenden Tinktur behandelte, blieb der heißersehnte Erfolg aus.
Nachdem ich ein Jahr lang nicht mehr unterrichtet hatte, wuchs auch meine Angst vor dem Wiederantritt des Dienstes, die Angst vor forschenden Schüleraugen, fragenden Kollegen und den nervlichen Anforderungen.
Ich wußte jedoch, daß der Zeitpunkt für mich gekommen war, daß das Jahr meiner Wiedergeburt abgeschlossen war und ich nun das umsetzen mußte, was ich dazugelernt hatte. Das Jahr hatte seinen Zirkel geschlossen. Im Winter fand die Wiederge-

burt im Zeichen des Krebses statt, im Frühjahr hatte ich mit Abnabelungsproblemen, Kinderkrankheiten und Pubertät zu kämpfen. Im Sommer erlebte ich Liebe und Leidenschaft, im Herbst neigte ich mich dem Tod zu und entdeckte eine neue Sinngebung.

Ich mußte, wollte ich nicht in einer wehleidigen Nabelschau versinken, wieder zurück, mußte das tun, wozu ich mich berufen fühlte, auch wenn es mich anfänglich noch so viel Überwindung kosten würde.

Ein Kollege, der mir Dein Buch, Fritz Zorn, geliehen hatte und der selbst vor einigen Jahren an Krebs erkrankt war, hatte mir ganz zu Beginn meiner Krankengeschichte gesagt: »Du wirst nicht mehr derselbe Mensch bleiben.«

Damals konnte und wollte ich es nicht verstehen, denn ich war zufrieden mit mir. Heute weiß ich, daß er recht hatte, und ich bin froh darüber.

Meine Einstellung zu Leben und Tod, Besitz, Macht und Ansehen hat sich einem Wandlungsprozeß unterzogen, von dem ich nicht weiß, wann er beendet sein wird. Ich weiß nur, daß etwas in mir in Bewegung gesetzt wurde, was schon seit langer Zeit in mir wirken wollte und dem ich seine Existenzberechtigung abzusprechen versuchte. Nicht ungestraft freilich, wenngleich auch die Strafe sich im nachhinein als ein gebührendes Zurechtweisen entpuppt hat.

In dem Loslassen von allem, was ich zu besitzen glaubte, habe ich einen neuen Besitz gewonnen, der mich in ängstlichen Stunden tröstet. Ich machte mir klar, daß nicht *ich* ein Haus, Garten, Pelze, Schmuck und Jugend besaß, sondern all dies besaß *mich*, machte mich besessen, so daß mir der Blick für die eigentlichen und wichtigen Werte des Daseins verstellt war.

Meine übertriebenen Krankheitsängste und meine konsequente Verdrängung des Todesgedankens, meine Ichbezogenheit und mein ständiges Gefallenwollen hatten dazu geführt, daß mir die Augen mit Gewalt geöffnet werden mußten.

Noch lange bin ich nicht soweit, daß ich es gelernt habe, demütig zu sein. Noch immer bin ich eitel und selbstgefällig und freue mich über Lob und Anerkennung der Menschen, obwohl ich weiß, daß ich mich einem höheren Richter zu verantworten habe.

Und auch meine neue Beziehung zu Gott ist mitunter von Eitelkeit getragen, denn ich fürchte mich, mit leeren Händen vor ihn hinzutreten. Ich möchte ihm etwas vorzeigen können, wofür er mich loben wird. Das Kind möchte ein gutes Zeugnis erhalten und hat Angst, die Versetzungskonferenz findet so früh statt, daß es keine Möglichkeit mehr gibt, die Noten aufzubessern.

An einem grauen Spätnovembertag ging ich zum ersten Mal wieder in die Schule. Nicht, um gleich meinen Dienst aufzunehmen, sondern um mit dem Schulleiter über meinen Einsatz nach den Weihnachtsferien zu sprechen.
Alles war ausgelöscht, was ich geglaubt hatte als meinen neuen geistigen Besitz konservieren zu können. Gleichmut, Gelassenheit, das Gefühl der Geborgenheit in einer höheren Macht! Ich hatte geglaubt, Zuversicht tiefgefroren und keimfrei immer mit mir herumtragen zu können, um sie bei Bedarf appetitlich garniert aufzuwärmen.
Von wegen!
Kleinlaut, erbärmlich, verzagt, kniezittrig betrat ich den Schulhof. Ich schaute mich um und hoffte, niemandem, aber auch wirklich niemandem zu begegnen. Wieder einmal nahm ich mich viel zu wichtig, sah meine Rückkehr in die Schule als etwas Bedeutendes an.
Ich erreichte wirklich nur mit Mühe das Rektorat und weiß beim besten Willen nicht mehr genau, was dann geschah – halbes Black-out. Nebulös erinnere ich mich, daß die Sekretärinnen mich begrüßten und einige Kollegen, die zufällig hereinkamen, mir herzlich und ohne viele Worte die Hand schüttelten, um dann wieder hinauszugehen.
Ich hatte mir den Zeitpunkt meines Gesprächs so ausgesucht, daß ich keinen Schülern begegnen würde. Nun geriet ich aber nach meiner Verabschiedung in einen Schülerstrom, der sich fröhlich die Treppe hinunterwälzte, der wohlverdienten Pause entgegen. Sofort erkannten mich einige meiner Schüler, umringten mich, neue stießen hinzu, fröhlich grinsend, um mir tintenbekleckste und butterbrotschwenkende Hände entgegenzustrecken. Ich hatte Angst, hinzufallen, das Bewußtsein zu verlieren oder in Tränen auszubrechen. Aber ich riß mich zusammen und überstand diesen Ansturm glücklich, rettete mich in das auf dem Schulhof parkende Auto. Als ich zu Hause ankam, ging ich mit dem Hund, ich weiß nicht wie lange, durch

das regennasse Gras hinter unserem Haus und war stolz, daß ich den Neuanfang in Angriff genommen hatte.

Schon vor dem Ausbruch meiner Krebserkrankung hatte ich mit dem Gedanken gespielt, ein Kind zu adoptieren, immer wieder hatte ich dann aber doch gehofft, selbst schwanger zu werden. An diesen Wintertagen, die ich daheim verbrachte, ehe ich wieder den Dienst antreten konnte, spürte ich die Einsamkeit besonders deutlich. All die mich umgebende gepflegte Ordnung und anspruchsvolle Wohnkultur störten mich, und ich sehnte mich erneut nach einem Kind, das Unordnung in diese hübsche, aber unbelebte Pracht bringen würde.
Ich entwickelte eine unerhörte Initiative und setzte mich mit allen mir bekannten Vermittlungsstellen für Kinder in Verbindung, aber wenn der Moment kam, in dem ich mit meiner Krankengeschichte herausrücken mußte, nahm man höflich Abstand. Bei kilometerlangen Wartelisten kerngesunder Ehepaare besteht für Krebspatienten keine Chance.
In dieser Zeit hörte ich von einer Schülerin, die von zu Hause weggelaufen war und total ausgeflippt in einem Heim für Jugendliche saß. Ich glaubte, das sei ein Wink mit dem Zaunpfahl von der »höheren Instanz«, und ich müßte dieses Mädchen retten, zu mir nach Hause holen. Leider wollte sie nicht gerettet werden, sondern bei ihren Freunden im Heim bleiben. Wieder war ich enttäuscht. Sollte ich denn gar keine Chance erhalten, meinen Läuterungsprozeß zu leben?
Dann fand ich mich langsam mit meiner Kinderlosigkeit ab und verstand, daß ich mich nicht in panischer Hast in einem neuen Irrtum verfangen durfte. Ich beschloß, offenzubleiben und sehend mich für Möglichkeiten bereitzuhalten, um anderen etwas zu geben.
Ich bin nicht Florence Nightingale oder Schwester Theresa, und doch kann ich vielleicht ein wenig dazu beitragen, das Leid auf dieser Welt zu lindern. Schon daß ich daran teilhabe, ist ein Weg dazu. Schon daß ich es angenommen habe, hilft vielleicht anderen, ihr Leid in einem neuen Licht zu sehen. Daß ich immer noch lebe, gerne lebe, macht anderen Mut. Diese Hilfe, die ich geben kann, ist vielleicht leiser und unaufdringlicher, weniger spektakulär, als ich sie mir vorgestellt hatte, deswegen ist sie nicht weniger wirksam.

Ich bin offener geworden für das Leid der Kreatur und kann Trost geben, wo ich mich früher aus Unbeholfenheit zurückgezogen hätte. In meiner Verwandtschaft und in dem weiteren Bekanntenkreis gibt es immer wieder neue Krebsfälle. Nun werde ich gefordert, wieder auf andere Weise, als ich mir das vorgestellt hatte, aber doch unüberhörbar.
Als ich schließlich, genau nach einem Jahr, wieder meinen Dienst aufnahm, hatte ich ein eigenartiges Erlebnis. Die Schulleitung fragte mich, ob ich bereit sei, dieselbe Klasse zu übernehmen, die ich vor einem Jahr unterrichtet hatte. Die jetzige Lehrerin sei erkrankt und käme vorläufig nicht in die Schule. Ich war froh darüber, altvertraute Gesichter zu sehen, keine neuen Namen lernen zu müssen, und hielt das für ein gutes Omen. Dann fragte ich, was die Kollegin denn habe, und als man herumzudrucksen begann, nicht recht herauswollte mit der Sprache, wurde mir klar, daß sie Brustkrebs hatte. Das machte mich traurig, aber bestärkte mich doch auch zugleich in dem Gefühl, nicht alleine zu sein.
Am dritten Tag meines Neuanfangs in der Schule stand die Mutter eines Schülers mit einem wunderschönen rosa Blumenstrauß vor der Klassentüre und wünschte mir alles Gute zu meinem Beginn. Ich wußte, daß sie vor einigen Jahren eine Krebsoperation überstanden hatte, wir sahen uns beide an und weinten. Eine andere Mutter, deren Tochter in meiner Klasse ist, liegt völlig abgezehrt und metastasenübersät im Krankenhaus. Das Mädchen spricht nach dem Unterricht von Zeit zu Zeit mit mir darüber, ohne Scheu, ohne Hemmungen. Sie erzählt mir davon, wie ihre Mutter immer mehr abmagert und müder wird. Manchmal halten sich die beiden nur die Hand, und die Mutter kann vor Schmerz nicht sprechen. Schnell und hastig erzählt mir das Mädchen sein Leid, will es loswerden bei jemandem, der dafür Verständnis hat.
»Und die Mutti würde so gerne noch erleben, wie meine ältere Schwester Abitur macht, aber die Ärzte haben wenig Hoffnung.«
Wie ausgelaugt komme ich dann manchmal nach Hause, angestrengt von den Strapazen der Schule. Müde schmeiße ich meine Tasche in die Ecke, lege mich auf das Sofa und schlafe sofort ein.
Und wenn ich wieder aufwache, bin ich froh, daß ein Kind mir

so etwas erzählt, das war früher nicht der Fall. Da war ich für Englisch und Deutsch zuständig.
Ich versuche, mich des Vertrauens würdig zu erweisen, und spende keinen schalen Trost: »Wird schon wieder!«
Ich sage ihr, daß man, wenn es soweit ist, die Angst ablegt wie einen alten Mantel, und wie schön und wichtig es für ihre Mutter ist, wenn die Tochter ihre Hand hält.
Sie nickt und weiß schon viel mehr über den Tod und das Leben als ich wußte, bevor ich dazu gezwungen wurde, mich damit auseinanderzusetzen.
Manche Menschen lernen eben früher, mit dem Herzen zu sehen, aber ich bin schon froh, daß ich überhaupt ein wenig begriffen habe.

Ja, Fritz Zorn, das war eigentlich alles, was ich Dir auf Deinen Bericht antworten wollte. Mehr fällt mir im Augenblick dazu nicht ein. Während ich schrieb, hatte ich oft das Gefühl, Du sitzt hinter mir und nickst mir lächelnd zu. Manchmal hatte ich gar keine Lust zum Schreiben. Das Wetter war in der letzten Zeit so schön, es ist nämlich Mai, mußt Du wissen. Nicht ganz so sonnig wie im vorigen Jahr, aber doch schon wieder alles üppig grün draußen. Die Vögel sitzen mit viel Aufregung vor meinem Fenster und zwitschern in unerhörter Lautstärke das Lied vom erwachenden Leben und den Schönheiten des Frühlings. Die Geranien, die ich im Winter schon wegwerfen wollte, weil sie völlig verlaust und kahl waren, haben im Keller neu getrieben und wollen in duftende dunkle Erde gesetzt werden, um wieder neu zu blühen.
Wie oft war ich versucht, die Schreibmaschine in die Ecke zu stellen und einfach spazierenzugehen, dem ungeduldigen Winseln meines Hundes nachzugeben.
Immer wieder hast Du mich aber dann gemahnt, Dein Negativ zu entwickeln, damit ein fertiges Bild daraus entstehe.
Wie Du siehst, bin ich gehorsam gewesen.
Leb nun wohl und halte mir in der Zwischenzeit einen Platz frei, hoffentlich noch sehr, sehr lange!

Angelika Mechtel
Jeden Tag will ich leben

Ein Krebstagebuch
Band 10874

Dieses Buch will trösten, Mut machen, seelischen Widerstand und den Willen zum Widerspruch gegen die Autorität des Medizinbetriebs herausfordern. Die Tagebuchaufzeichnungen dienten als Versuch der Klärung, der Selbstbeobachtung und als psychisches Ventil. Die hier eingefügten erläuternden Zwischentexte, die den Ablauf des Geschehens erzählen, verbinden die Eintragungen. Auf diese Weise entsteht im Wechsel zwischen Nähe und Distanz eine Art Psychogramm, sozusagen eine Geographie der Befürchtungen, Todesängste und Depressionen, aber auch der Auflehnung, des Überlebenswillens und der trotzigen Hoffnung. Angelika Mechtel, an Brustkrebs erkrankt, entscheidet sich gegen den Willen der Ärzte, die eine Amputation empfehlen, für eine brusterhaltende Operation. Ihrer persönlichen Form der Auseinandersetzung mit der gefürchteten Krankheit Krebs hat sie jedoch den Vorrang gegeben vor dem Erteilen von Ratschlägen. Und darin liegt vielleicht eine Chance, mitbetroffenen Frauen zu helfen, der jeweils als ganz individuell empfundenen Bedrohung durch die Diagnose Brustkrebs Widerstand entgegenzusetzen, sich den Abläufen nicht wehrlos ausgeliefert zu fühlen, sondern Mut zu selbstverantwortlichen Entscheidungen zu finden.

Fischer Taschenbuch Verlag

fi 1133 / 1

Lebenskrisen · Lebenschancen

Irmgard
Poppe-Teufel
Tollkirschenzeit
Malignes Melanom
als Erfahrung der
Lebensgrenze
Band 10419

Nina Rempp
Schichtbarrieren
Von den Verständi-
gungsschwierig-
keiten in einer
Psychoanalyse
Band 3254

Jennifer Roth
Der Weg der
Glückseligkeit
Meine Jahre in einer
totalitären Sekte
Band 11081

Karin Rüttimann
Das geschenkte
Jahr. Ein Abschied
Band 3267

Bea Schilling
Wiegenlied mit
Spätfolgen
Aus dem
Leben einer
Co-Alkoholikerin
Band 3268

Beat Schliep
Von Arzt zu Arzt
Die Odyssee
eines Kranken
Band 10749

Bernd-Joachim
Schulz
Das hoffnungslose
Leben der Anna M.
Bericht über eine
Schizophrenie
Band 3255

Kathryn Seidick
Mit den Anfor-
derungen wächst
der Mut
Der Kampf einer
Mutter um ihr
schwerkrankes
Kind
Band 3283

Lydia Stephan
Du hättest so
gern noch ein
bißchen gelebt
Band 3297

Hans D. Wallburg
Nachtfrost
Tagebuch eines
Alkoholrückfalls
Band 11689

Necha Zupnik
Janina ist nicht
wie die anderen
Band 11325

Fischer Taschenbuch Verlag

fi 26 / 3 d

Psychologische Ratgeber

Gottfried Lutz / Barbara Künzer-Riebel (Hg.)
Nur ein Hauch von Leben
Eltern berichten vom Tod ihres Babys und von der Zeit der Trauer
Band 10616

Angelika Mechtel
Jeden Tag will ich leben
Ein Krebstagebuch
Band 10874

Else Müller
Du spürst unter deinen Füßen das Gras
Autogenes Training in Phantasie- und Märchenreisen
Vorlesegeschichten
Band 3325

Else Müller
Du fühlst die Wunder nur in dir
Autogenes Training und Meditation in Alltagsbeobachtungen, Aphorismen und Haikus
Band 11692

Auf der Silberlichtstraße des Mondes
Autogenes Training mit Märchen zum Entspannen und Träumen
Band 3363

Wege in der Wintersonne
Autogenes Training in Reiseimpressionen
Band 11354

Renate Schwab
Der Drache im Herzen des Lebensbaums
Mit Märchen meditieren
Band 10163

Reinhart Stalmann
Psychosomatik
Wenn die Seele leidet, wird der Körper krank
Ein Therapeut erklärt Fälle aus der Praxis
Band 3332

Sven Wahlroos
Familienglück kann jeder lernen
Band 3302

Fischer Taschenbuch Verlag

fi 9/4b